读客文化

自我修行篇
中层领导力

领导力源于持续不断的自我成长

[美] 约翰·C.马克斯维尔 著

张树燕 译

DEVELOPING THE
LEADER
WITHIN YOU

文汇出版社

图书在版编目（CIP）数据

中层领导力. 自我修行篇 /（美）约翰·C. 马克斯维尔著；张树燕译. -- 上海：文汇出版社，2017.5
ISBN 978-7-5496-2013-5

Ⅰ. ①中… Ⅱ. ①约… ②张… Ⅲ. ①领导学 Ⅳ. ①C933

中国版本图书馆CIP数据核字（2017）第094309号

Developing the Leader Within You by John C. Maxwell
Copyright © 1993 by Maxwell Motivation, Inc.
This Licensed Work published under license.
Simplified Chinese translation copyright 2017 by Dook Media Group Limited
This translation published by arrangement with Thomas Nelson Inc. through The Artemis Agency.
All Rights Reserved.

版权登记号 图字：09-2017-248

中层领导力：自我修行篇

作　　者 /【美】约翰·C. 马克斯维尔
译　　者 / 张树燕

责任编辑 / 戴　铮
特邀编辑 / 王韵霏　姜一鸣
封面装帧 / 陈艳丽

出版发行 / 文汇出版社
上海市威海路 755 号
（邮政编码 200041）

经　　销 / 全国新华书店
印刷装订 / 河北中科印刷科技发展有限公司
版　　次 / 2017 年 6 月第 1 版
印　　次 / 2022 年 9 月第 13 次印刷
开　　本 / 710mm×1000mm　1/16
字　　数 / 183 千字
印　　张 / 14.5

ISBN 978-7-5496-2013-5
定　　价 / 38.00 元

侵权必究
装订质量问题，请致电010-87681002（免费更换，邮寄到付）

谨以此书献给我最钦佩的人：
一个在心灵上给予我温暖的朋友，
一个在精神上指引我的导师，
一个在言语间激励我的人，
我想要追随的领导者——
我的父亲，梅尔文·马克斯维尔。

前　言

那一刻，让我终生难忘。当时我在作领导力的主题演讲，课间十五分钟休息时，一位叫鲍勃的先生急匆匆地跑过来对我说："非常感谢您挽救了我的职业生涯！"在他转身离开时，我叫住了他，"请告诉我，我是如何挽救了你的职业生涯？"他回答道："我已经57岁了，在过去的17年里，我所在的职位一直被要求具备领导能力。而直到最近，我才清醒地意识到自己在这方面的欠缺。去年，我参加了您的领导力研讨班，掌握了相关原理和法则，并很快运用到我的实际工作中，卓有成效。虽然起初员工迟缓被动，但现在都已迅速适应，听从我的指挥。我以前虽有经验但无此专业技巧，因此，感谢您让我成为一名真正的领导者！"

像鲍勃这样的致谢还有很多，他们一直激励着我投入更多的时间去培养更多真正的领导者。这也是为什么我在美国和其他国家每年举办十余次领导力研讨班的原因，同样这也是这本书问世的理由。

读者将在这本书中读到在过去二十多年里顶级领导者创下的辉煌战绩。在过去的二十多年中，我一直研究并讲授这些领导力法则。在目睹了一些学员在领导他人方面变得越来越有效时，我收获了极大的满足感。现在，我将把这些经验分享给你们。

努力获得成功的关键是领导他人的能力

领导力决定着所有世事的成败。每当我发表这样的演讲时,听众都禁不住要把它更改成"几乎多数事情的成败都由领导力决定"。很多人都在寻找例外,而不是在渴望成为例外。

每个人都具备一定的领导力水平。现在为了更好地讲授此法则,我们暂且将其分为1～10个不同的等级,假设你目前已达到6级。我所了解的是:你的工作绩效要与你的领导才能和影响他人的能力始终处在同一水平线上,因为你无法在短期内获得超越你领导力之上的绩效。换言之,你的领导才能不仅决定了你的成功,也决定了你周围工作者的成绩。

最近,我在《新闻周刊》(*Newsweek*)上读到凯悦酒店集团(Hyatt Hotels and Resorts)总裁的一席话:"如果要说这27年里我在服务行业学到了些什么,那就是99%的员工都希望做好工作,他们的表现折射出的是老板的水平。"

下面这则故事也强调了有效领导力的重要性。销售会议上,经理正在训斥销售额极低的员工:"我已经受够你们这样糟糕的表现和各种借口,如果你们不能胜任此工作,那么还有很多其他销售人员想要抓住机会出售你们每个人所代理的有价值的产品!"接着,他指着一个新入职的雇员——一位退役的职业足球运动员说:"如果一支球队总是输掉比赛,会怎么样?替换运动员,对不对?"

过了几秒后,这位新雇员才回答道:"其实,如果整个球队都陷入了困境,我们通常会重新换一位教练。"

可以学来的领导力

领导力绝不是与生俱来的天赋。领导力的原始品质和素养是可以通过学习获得的。只要将这些品质与你的个人愿望结合,那么没有什么可以阻止你成为一个领导者。本书将会教给你领导力的基本理论,但前提是你必须具备渴望成为领导者的雄心壮志。

英国著名的牧师雷欧纳(Leonard Ravenhill)在其《最后日子的通讯》(*The Last Days Newsletter*)中提到,一群游客在参观风景优美的村庄时,遇到一位坐在栅栏旁的老人。其中一位游客得意洋洋地上前问老人:"这个村子里有伟大的人吗?"

老人回答道:"没有,村子里只有孩子。"

领导力靠的是培养和发展,并非是"发现"的结果。真正的"天生领导者"当然也有,但是,基本的领导力素养也需要通过培养习得。在与数千位渴望成为领导者的人共事后,我发现他们都符合以下四种领导类别中的一种:

顶尖的领导者

- 天生具备领导力资质。
- 一生都是他人的典范。
- 通过培训,学习新的领导能力。
- 具有成为杰出领导者的自律精神。

注:至少具备以上四项素质中的三项。

后天的领导者

- 生活中很多时候能作为领导他人的典范。
- 通过培训,学习领导能力。

・具有成为杰出领导者的自律精神。

注：以上三项素质都须具备。

潜在的领导者

・刚刚开始成为领导他人的典范。

・正在通过培训学习领导力。

・具备变成一名合格领导者的自律精神。

注：以上三项素质都须具备。

能力有限的领导者

・很少或从未担任过领导者。

・很少或从未接受过领导力的培训。

・渴望成为领导者。

注：以上三项素质都须具备。

管理类书籍比比皆是，领导类书籍却寥寥无几

人们对于"领导"和"管理"两个概念间的差异，似乎还存在很多困惑。

在华盛顿负责领导力研究项目的前美国健康、教育和福利部秘书长约翰·威廉·加德纳（John W.Gardner）提出了区分"领导型管理者"和"操作型管理者"的五个要素：

(1) 领导型管理者都是卓有远见的人，能考虑到当前危机的后果，以及比季度报告更深远的问题。

(2) 在公司里，领导型管理者的主要兴趣不仅仅停留在他们所领导的部门，他们更渴望了解公司的各个部门是如

何相互影响的，因此他们的影响力也会不断覆盖或拓展到更深远的区域。

(3) 领导型管理者着重强调企业的未来蓝图、价值观和激励机制。

(4) 领导型管理者具备很强的政治技能，善于应对多种错综复杂的纠纷和各部门的利益需求矛盾。

(5) 领导型管理者从不安于现状。

所谓"管理"，是指确保企业的具体项目和组织的各个目标贯彻实施的过程；而"领导"则主要在于绘制蓝图和激励员工。

人们都不想被管束。他们所需要的是引导。有谁听过世界的管理者吗？世界领袖，是的，还有教育领袖、政治领袖、宗教领袖、童子军领袖、社区领袖、劳工领袖、商业领袖等。没错，他们都是领导者，他们都在引导他人，而不是管束他人。柔和的引导总会战胜强硬的管理。你可以带着你饲养的马去水边，但你无法控制它是否要喝水。如果你想要约束他人，那么先管好自己。只有这样，你才会停止"管理"，转而开始引导他人。

- 知道如何做一项工作是劳动者的素养。
- 将有用的知识传授给他人是老师的素养。
- 确保他人完成工作是管理者的素养。
- 激励员工更好地工作是领导者的素养。

我期望读者能拥有一个领导者该有的素养，这也是本书的目的所在。在你开始阅读此书并运用这些领导力原则时，不妨先了解一下布鲁斯·拉森（Bruce Larson）在他的著作《风与火》（*Wind and Fire*）中提到的一些关于沙丘鹤的有趣特征："这些飞越重重山水的大鸟有三个显著品质。第一，它们轮换领导权（即轮换领头鸟），没有一只鸟具有永久领导权;第二,它们选择能处理矛盾的鸟做领导者;第三,一只鸟在前面领路时,其余的鸟就会用鸣叫声表达对它的认可和服从。"

我期望你能学到足够多的领导力知识,并运用到你的领导岗位上,成为开路先锋。只要你尝试着手去做,我会用"鸣叫声"心怀骄傲地给予你肯定。

每个时代都会涌现出适合于浪潮的领导者。所以,从来都不会有怀才不遇的领导。认真读这本书,随时准备抓住属于你的机遇!

约翰·马克斯维尔

目　录

第一章　领导力的定义：影响力 / 1

深入了解"影响力" / 3

领导力的五个层次 / 7

领导力的攀升步骤 / 15

影响力总结 / 18

激发领导力潜能的步骤 / 21

第二章　领导力的关键：优先次序 / 23

帕累托法则：20/80法则 / 25

优先法则 / 32

第三章　领导力的要素：诚信 / 40

信誉优劣的测试 / 43

你只会成为本真的自己 / 54

第四章　领导力的终极测试：创造积极性变革 / 55

困境中的领导者剖面图 / 56

领导者：推动变革 / 59

关于抵制变革的历史事迹 / 61

人们为什么抵制变革 / 64

启动变革前的一览表 / 70

变革的发展进程 / 72

创造变革的氛围 / 75

变革会随即发生 / 81

第五章 获得领导力的捷径：解决问题 / 85

解决问题的过程 / 97

第六章 领导力的附加条件：态度 / 107

如何改变你的态度 / 118

第七章 发掘最可观资产：人才 / 125

个人发展的原则 / 127

成功人士的个人发展：对人才的正确评估 / 128

成功的伯乐善于提出培养贤才的核心问题 / 137

成功的伯乐给予人才正确的帮助 / 142

人才培养的原则 / 145

第八章 领导力不可或缺的素养：愿景 / 153

愿景陈述 / 155

让每个人拥有愿景 / 160

企业拥有的愿景 / 166

第九章 领导力的标签：自律 / 177

培养自律的过程 / 179

第十章 领导力最重要的一课：人的发展 / 198

优胜团队的蓝图 / 201

后记 / 219

第一章
领导力的定义：影响力

每个人都在讨论领导力，但几乎没有人能真正明白它。很多人都渴望拥有它，但只有少数人能够如愿以偿。在我的记忆中，对领导力的定义和描述至少有50种。那么，我们所说的如此耐人寻味的"领导力"到底是什么呢？

也许是因为我们中的很多人都渴望成为领导者，所以才会如此热衷地试着给"领导力"下定义。也许是因为结识了某位领导者，我们便试图"模仿复制"他们的行为并作为一种人格特质来描述领导力。对于"领导力"的定义，你所得到的答案都是见仁见智的。在过去的50年里，通过观察我的家族领导力以及总结自己领导潜能的发展经验，我得出的结论是：领导力即是影响力。仅此而已，恰如其分。我最喜欢的领导力谚语是：一个自以为在带领他人却无人跟随的人，终究只能独行。

近日，培训公司的詹姆斯·乔治斯（James C.Georges）在《联络执行》（Executive Communications）节目的采访中所述的观点非常正确：

什么是领导力？若暂且忽略其背后所含的道德问题，仅有一个定义，领导力就是拥有追随者的能力。

吉姆·琼斯（Jim Jones）、耶稣（Jesus of Nazareth）、马丁·路德·金（Martin Luther King）、温斯顿·丘吉尔（Winston Churchill）和约翰·肯尼迪（John F.Kennedy）都是卓越的领导者。然而他们的价值体系和管理能力却完全不同且各有其追随者。

一旦你明确了领导力的定义是拥有追随者的能力时，你就要参考这一点弄清楚如何去领导他人、引导他人。

但这也存在一些问题：大多数人都将领导力定义为获取职位的能力，而不是拥有追随者的能力。因此，当他们达到地位、等级和头衔的追求时，便认为自己已成为一位"领导者"。这样的思维模式则会导致两个常见的问题：那些拥有"地位"的领导者无法一呼百应；另外一些缺少合适头衔的人则不把自己当作领导者，因此也不会去培养自己的领导潜力。

本书的目的在于帮助你接受领导力的影响（即拥有追随者的能力），并在此前提下帮助你学习如何领导他人。你所看到的每一章，最终目的都是协助你培养领导力。因此，第一章旨在扩大你的影响程度。

深入了解"影响力"

每个人都会影响其他人

　　社会学家告诉我们,即使是非常内向的人都会在他或她的一生中影响到一千多人。我的同事提姆·爱摩(Tim Elmore)与我分享了这个令人惊异的统计数据后得出结论——我们每个人都在影响着他人的同时也在被他人影响着。换言之,我们在某些领域处于主导地位的同时,在另一些领域就会被他人领导。要么成为领导者,要么成为追随者,没有人会逃离这两种选择。发挥你作为一个领导者的潜力是你的责任。在任何特定情况下的任何特定团体中,都有凸显的影响者。以下几个例子将会说明这一点。早上,通常在孩子上学前,母亲就会成为主要的影响者,吃什么或穿什么都由她选择,受母亲影响的这个孩子便会成为其他孩子的影响者;父母相约在餐厅用餐时,都会受到服务员的影响,点餐厅的特色菜;晚餐的时间安排可能会受到妻子或丈夫工作日程的影响;等等。

　　在人们聚集的地方,会很容易发现团体中谁是主要的领导者。仔细观察一下,如果有问题等待决定,提出最好解决意见的那个人会是谁?讨论问题时,大家都不约而同地将目光聚集在谁身上?大家对谁的意见毫无争议并很快同意?最重要的是,谁是大家都追随的那个人?这些问题的答案会帮助你识别特定团体中谁才是真正的领导者。

我们永远不知道自己会影响谁，影响度有多深

理解影响力最有效的方法就是想想你因某个人或某个事件的影响而被感动的那些瞬间。重大事件在我们的生活和记忆中都会留有痕迹。例如，问几个1930年前出生的美国人，当听到珍珠港遭到轰炸的消息时，他们正在做什么，他们当时的感受和周围的环境是怎样的。再问问1955年前出生的人，当听到约翰·肯尼迪中弹的报道时，他或她在做什么。你会发现他们记得很清晰，描述得很详细。同样，如果问及年轻一代挑战者号爆炸是哪一天，他们也会有类似的回答。这些都是让每个人有所感触的重大事件。

当然，你也要想想那些以强有力的方式影响到你的细小的事或人。每次回忆自己的年轻岁月时，我都会不由得想起一次参加露营的经历，以及这次经历在我后来确定职业生涯时所给予我的帮助；想起我的初中老师格伦（Glen Leatherwood）以及挂在圣诞树上的那些泡沫灯时，我就会有一种"圣诞的感觉"；大学时收到教授的表扬信也令我记忆犹新……这样的事数之不尽。日常生活中本来就包含各种影响你的事物，因此在受它们影响的同时也会帮助我们塑造自己该有的模样。J.R.米勒（J.R.Miller）有句话说得很好："生活中总会有那么一刻，给人留下深刻印象，被人永恒回忆。没有人能理解那我们称之为神秘的东西——影响力，但是我们每个人都在不断地制造影响，如抚慰、祝福、留下美好的印记，抑或受到伤害、痛苦，玷污他人的生活等。"

当意识到自己作为父亲后所应有的影响力时，上述道理更让我顿悟。现在摆放在我书桌上的这首诗是一个朋友镶框后赠予我的：

> 那追随着我的小家伙
>
> 我想要成为一个谨慎的人，
> 但有个小家伙总是追随着我。
> 我不敢误入歧途，
> 因为害怕将他引向岔路；
> 我不敢逃离他的眼睛，
> 因为无论何时看着他的眼睛
> 他都似乎在说，将来要成为像我这样的人。
> 那追随着我的小家伙
> 让我难以忘怀地一路走来，
> 历经风霜，我终于成为——
> 那追随着我的小家伙。

未来最好的投资——当下的影响力

这里所说的重点并不是你是否影响别人，而是你将会成为一个怎样的影响者。你的领导力技巧是否成熟？沃伦·本尼斯（Warren G.Bennis）和伯特·纳努斯（Burt Nanus）在《领导者》（*Leaders*）一书中说："事实上，成为领导者的机会很多而且大多数的人都触手可及。"

对此，你毋庸置疑！本章的其余部分将致力于帮助你超越今日，成为未来的优秀领导者。

可培养的技能——影响力

伟达公共关系顾问公司（Hill & Knowlton）总裁罗伯特·戴伦施耐德（Robert Dilenschneider）是美国举足轻重的有影响力的经纪人之一。他在全球舞台上巧妙地施展着让政府和各大企业满意的魔法。他在其著作《权力论：如何成为制定游戏规则的人》（*Power and Influence*）中所分享的"铁三角"理念将帮助领导者站在最前沿并获得成功。他说道："这个三角形的三点分别是沟通、认可和影响。在进行了有效的沟通后，接下来就会得到认可，随之而来便会产生影响力。"

我们可以增强自己的影响力和领导潜能。出于此信念，我开发了一种教学工具，协助他人了解他们的领导力水平，提升他们的影响力（查看第17页表格）。

领导力的五个层次

层次一：职位

这是领导力基础中的初级层次。职位所附带的"头衔"是你唯一的影响力。处在这一层次的人们将涉足地域管辖权、协议草案、传统惯例、组织结构图等问题。除非它们成为权利和影响力的基础，否则这几项内容并不具有负面性。但无论怎样，它们始终无法替代领导能力。

一个人可能会因为被任命某一职位而受到控制，但相应地也拥有了权威。但真正的领导者不仅仅限于权威、技能培训和循规蹈矩，而是要成为被他人心甘情愿且有信心追随的人。一个真正的领导者知道作为老板和作为领导者之间的区别。

  老板驱使员工；而真正的领导者会辅导他们。
  老板依靠权威；而真正的领导者依靠信誉。
  老板激发恐惧；而真正的领导者激发热情。
  老板自称"我"；而真正的领导者自称"我们"。
  老板追究失误的责任；而真正的领导者补救失误。
  老板只了解如何完成工作；而真正的领导者会说明如何展开工作。
  老板说"开始工作"；而真正的领导者会说"让我们一起工作吧！"。

"职位型领导者"的特征

1.安全感源自职位,而非天赋

第一次世界大战中一个列兵在战场上大喊道:"快让这场战争结束吧!"不想他的埋怨触犯到了美国远征军总司令"黑桃杰克"——约翰·约瑟夫·潘兴(John Joscph Pershing)。当这个列兵因害怕受到惩罚而战战兢兢地向司令表达歉意时,潘兴司令则拍拍列兵的肩说道:"没关系,孩子,幸好我不是个少尉。"应该明确一点,人的内在能力越高深,影响力越广泛,他就会变得越自信,越沉稳。

2.这一层次的领导者常常由上级来任命

职位型领导者常常由上级来任命,其他所有层次的领导者则是通过能力取得。利奥·迪罗谢(Leo Durocher)曾在西点军校第一基地的比赛中为巨人队担任教练,其中一个过于嘈杂的学生对利奥不停地咆哮,这让他惴惴不安。

"嗨,迪罗谢,"他抱怨道,"像你这样的小人物是如何混进这个大联盟的?"

利奥大声地回敬道:"我是由联盟的议员任命的!"

3.超出职位型领导者所有权力以外的号令,人们不会甘愿服从

当有需要时,他们只做职责之内的事,但永远士气低落。当此类领导者自己缺乏信心时,他们的追随者也会缺乏承诺,毫无主见。就像比利·格雷厄姆(Billy Graham)曾问一个小男孩"附近最近的邮局在哪里"。小男孩回答后,比利·格雷厄姆感谢他说:"如果你今晚来会议中心,将会聆听到我告诉每个人如何登入天堂。"

"我想我是不会去的，"男孩回复道，"你连去邮局的路都不知道。"

4.职位型领导者很难与志愿者、白领阶层和年轻人共事

志愿者不必在固定的组织机构中工作，因此领导者也无法使用金钱杠杆来约束他们。白领阶层通常自主决策，厌恶独裁型领导者。而"婴儿潮"时期的年轻人，更是对所谓的权威不屑一顾。

我们中的很多人都被告知领导力即所在职位。当我们在现实中发现几乎没有人会因为我们的职位而对我们俯首帖耳时，那种随之而来的挫败感会不断加剧。我们在领导他人中所获得的乐趣和成功取决于我们不断攀升的领导能力和水平。

层次二：认可

弗雷德·史密斯（Fred Smith）说过："领导力即是无须强迫时也有很多人甘愿为你工作。"然而，这种境界只有当你踏入影响力的第二层次时才能实现。人们并不在乎你的知识有多渊博，只在意你对他们的关心有多少。领导力源于内心，而非头脑。其所带来的是融洽的、具有深远意义的人际关系，而不是空洞枯燥的规章制度。

处在职位型层次的领导者常常通过职位的权威来领导他人。他们就像挪威心理学家施耶尔德鲁普—艾贝（T.Schjelderup-Ebbe）在研究"啄食顺序理论"中所比拟的家禽一样。如今此理论已广泛用于描述各种类型的社交聚会。

他发现在任何鸡的种群中，通常有一只母鸡是鸡群之首，控制其他母鸡。它可以霸占其他鸡的食物而不予以回报。同样，按照先后尊卑之分，排在第二位的母鸡也可霸占首领以外其他鸡的食物。按此顺序依次类推，最后剩下的一只鸡只能任其宰割。

相比之下，处在"认可"层次的领导者将以人际关系的发展来领导他人。他们的主要目的在于个人发展，而非"啄食顺序"。因此，在这个层次中，时间、精力和焦点都会集中于个人发展的需要和渴望上。如阿米泰·埃齐奥尼（Amitai Etzioni）在其著作——《现代组织》（*Modern Organizations*）中提到的亨利·福特的这段精彩故事，很有力地说明了把个人需要放在首位的重要性。

福特曾制造过一款无可比拟的车——T型车。他是个完全"以产品为导向"的人，他想要世界上到处都有他的这款T型车。可当人们突然涌向他，并说道"福特，我们想要一款颜色不同的车"时，他却执意坚持"你们可以拥有任何你们想要的颜色，只要它保持是黑色的"。随后，经济萧条便来临了。

不能与他人建立持久稳固的人际关系的人，很快也将发现他们无法保持长久而有效的领导力（本书第七章"发掘最可观资产：人才"中将详细阐述此问题）。毋庸置疑，你不领导他人，你可以爱戴所有人；反之，你若不爱戴他人，你也不会成为真正的领导者。

一天，一名员工——丹·赖兰（Dan Reiland）与我分享了他的一个观点，让我铭记至今。即如果层次一（职位型领导者）是通向领导力的大门，那么层次二（认可型领导者）则奠定了发展领导力的基石。

注意！不要试图跨越这一层次。很多人经常忽略这一层次。比如，婚礼当天，丈夫从第一层次"职位"——拥有丈夫之职，跨入第三层次"绩效"阶段，开始承担家庭责任，但在此过程中他却忽视了保持家庭团结不分离的最基本要素。之后家庭破裂，他的"事业"也随即崩溃。因此，人际关系承载的是从建立到维系的一个过程，其间它会像黏合剂一样为长期稳定的关系提供持久力。

层次三：绩效

在这一层次中，很多积极的效应将层出不穷，如效益增加、士气高昂、员工流动率降低、需求逐渐满足、实现目标等。与此伴随产生的是"无穷的动力"。领导和影响他人成了一种乐趣。不费吹灰之力便可解决问题。定期与那些支持集体不断强大的员工共享最新数据。事实上，每个人都以"绩效"为导向，任何行动的主要原因都是"绩效"。

这是第二层次与第三层次的最大差别。在"认可"层次中，人们只是为了待在一起而已，并无其他目的。而在第三层次"绩效"中，人们是为了达成同一目标一起奋斗。人们虽喜欢在一起，但更倾向于为完成一个目标而一起奋力斗争。换言之，这个层次的领导者都是以最后得到的结果为导向。

就像杰克·尼克尔森（Jack Nicholson）在电影《五支歌》（*Five Easy Pieces*）中所演的经典桥段一样。他在餐厅被告知只能点套餐，不能单点自己想要的菜。而尼克尔森却突发奇想地找到了一个解决方案。首先，他点了一份鸡肉色拉三明治，然后告诉服务员："不要蛋黄酱，不要黄油，只要鸡肉。"

我最喜欢的故事之一是与新雇用的旅游销售员有关的。这位新雇员将自己的第一份销售报告递给总公司后，震惊了整个销售部，因为他看起来非常愚昧无知！他的报告写道："在我看来，他们没有买过任何有用的东西，而且我也卖了一些给他们，现在就要去芝加哥。"

在销售经理打算开除他之前，却收到了他从芝加哥寄来的信："我到这里后，销售业绩已达50万美元。"

销售经理犹豫不决，不知是否该开除那个无知的销售员，便将这个难题丢给了总裁。第二天早晨，那些无实战经验的销售部成员惊奇地看到贴在布告板上的那位无知销售员的两封信,且上面还有总裁的备注:"与好的文笔相比,我们更需要员工在销售上多花时间。看看你们的销售业绩,我希望每位员工都能仔细读一读古奇写的这两封信,他在此行业中工作得非常优秀,你们应以他为榜样。"

显然,所有销售经理都想拥有一名既会说又会写的销售人员。然而,很多人虽"不合格",却也凭借在其他方面的突出表现取得了不俗的业绩。

层次四:人才培养

你是如何界定和识别一个领导者的?据罗伯特·汤森(Robert Townsend)所述,可以从外形、年龄、身材、身份来识别。有些管理者看似笨拙,而有些也不一定机智过人。但有一个线索可循:除了那些普普通通、碌碌无为的员工以外,真正的领导者都会被工作上表现优异的员工所承认。

领导者之所以伟大,并不是因为他所拥有的权力,而是他授予他人的能力。没有后续者的"成功"是失败的。因此,真正的领导者的主要责任,在于发掘和培养更多的人完成工作并拥有成就(详见第七章)。

当员工通过领导者的培养实现自我成长时,对领导者的忠诚度也会达到最高值。注意以下进展:在第二层次中,员工对领导者是爱戴的;在第三层次中,员工对领导者是钦佩的;而在第四层次中,员工对领导者则是忠心耿耿的。为什么?因为领导者在帮助他们个人成长的同时赢得了他们的心。

我的员工中有一位关键人物,谢里尔·弗莱舍(Sheryl Fleisher)。当初加入这个团队时,她并不擅长与人协作。因而我开始与她一起工作，直至她能真正地和他人携手工作为止。如今，她已能成功培养其他人，成长为了一名杰出的领导者。我们都了解，因为她的忠诚所给予我在领导力方面的帮助。我在她身上投入的精力和时间也为她带来了积极的转变，让她铭记在心。更有趣的是，她现在投注到别人身上的时间也反过来给予了我极大的帮助，使我时刻铭记。

与领导者个人接触较多的，在某方面接受过领导者帮助、扶植的人才会对你示出爱戴和忠心。不仅如此，他们身边的人也会受到影响，对你忠心耿耿。

然而，随着你的影响力等级逐渐提升，你在与周围这些人建立良好关系的同时潜藏的问题也会随之而来。也许你并没有意识到，很多新人会将你视为职位型领导者，因为你从未正式地接触、认识过他们。因此以下两点意见可能会帮助你。

1.逐渐融入人群中

我以前做牧师时，在5000人的集会上尝试过以下这些与人保持接触的方法：

- 通过教堂的图示目录记住他们的名字。
- 每个集会人员都有通讯卡，在他们递交的时候阅读这些卡片（每周大约能收到250张）。
- 阅读每一位成员申请表中的访问记录。
- 阅读并回复收到的每封信件。
- 每年参加一次主日学校的社会活动。

2. 发展核心领导者

我会有计划地、系统地与他们会面，教授他们领导者的技巧。反过来，他们也会这样对待其他人。

层次五：人格魅力

由于大多数人还未达到这一层次，所以在这里不予详述。只有毕生拥有成熟浑厚的领导力，才有可能达到这一层次，且不断收获应有的回报。这正是我目前努力的方向，希望有一天能置于此层次之上。我想，完全有可能实现。

领导力的攀升步骤

以下是关于领导力攀升步骤的一些补充见解。

1.走得越多,未来越长

每次你换新工作或加入新的朋友圈中,都会有所变化,都要从最底层开始而且要靠自己从头再来。

2.地位越高,承担越多

增加的承担是双向的。不论是你的内心还是你周围的人都会要求你承担的越来越多。如果领导者和员工中有一方不愿为更高的要求作出牺牲,那么影响力也会随之下降。

3.走得越高,领导他人越得心应手

注意从第二层次到第四层次的渐变过程。员工关注的焦点不再是"喜欢你",而是"喜欢你为了共同利益所付出的努力""喜欢你为他们个人成长所做的事"。领导者每上升一个层次,都会增加一个追随者愿意跟随你的理由。

4.走得越高,成长越多

只有有效的改变才会带来不断的成长。随着领导力层次的提高,这种改变会越来越容易。人们在认可你的同时甚至会协助你做出所需要的改变。

5.切勿永远脱离基础层面

每一个层次都是以前一层次为基础的。如果忽略前一层次,后一层次也会崩塌。例如,如果你从第二层次"认可"上升到第三层次"绩效"的同时却忽视了追随过你、帮助过你的人,那么他们可能会产生一种被你利用的感觉。只有你一层一层不断地稳步提升,才能与周围的人建立牢固深厚的感情基础。

6.作为一个群体的领导者,你和每个人的关系都不在同一层面

不是每个人都能对你的领导力水平给予同一高度的回应。

7.保持有效的领导力,关键在于和团体中其他影响者一起进入更高的层次

你和其他领导者的共同影响力将会熏染和启发其他人。否则,一个群体就会因志趣和忠诚的差异而分崩离析。

领导力的五个层次

5. 人格魅力

敬佩（respect）

人们追随你的原因是你具有人格魅力和代表意义。

注意：花费数年培养人才并经营企业的领导才具有这种特质。其他人很难成功，能做到这一点的人可谓出类拔萃。

4. 人才培养

复制（reproduction）

人们追随你的原因是你为他人付出。

注意：长期发展由此而来。你为培养领导者作出的努力将促进企业和成员不断进步，应竭尽所能实现并保持这种状态。

3. 绩效

成绩（result）

人们追随你的原因是你为企业作出了突出贡献。

注意：在大多数人看来，这就是所谓的成功。他们崇拜你和你的表现。因为你动力十足，所以很多问题迎刃而解。

2. 认可

人际关系（relationship）

人们追随你的原因是他们愿意这么做。

注意：即使你权威度不够，人们仍然愿意服从。这种情况下工作通常会充满乐趣。但须要注意，如果你长期得不到晋升，热衷跟随你的人将会产生不满情绪。

1. 职位

权利（right）

人们追随你的原因是因为他们别无选择。

注意：你的影响力绝不会超越职权范围。这种状态持续时间越长，员工流动率就越高，士气也会不断下滑。

影响力总结

我们现在拥有了一幅帮助我们理解影响力、增强影响力的蓝图，其指出必须做好两件事才能登临影响力顶端。

1.清楚你目前所处的位置

由于不同层次中所接触的对象各有差异，所以你须要清楚别人所处的阶段和层次。如果群体中影响力最大者位于最高层次且又支持你，那么你对他人的领导将指日可待；反之，则会问题重重。

2.了解并实践各层次所必需的素质

当你准备踏入更高的层次前，必须要出色地展现出以下素质。

第一层次：职位/权利

- 对你的职责描述了若指掌；
- 对企业的历史一清二楚；
- 认同并将企业历史传达给相关成员（即成为团队一员）；
- 承担责任；
- 工作中保持始终如一的专注；
- 力求精益求精；
- 为组织改革提升建言献策。

第二层次：认可/人际关系

- 关爱员工，以诚相待；
- 助你周围的同事不断成长；
- 换位思考；
- 爱护员工，不拘小节；
- 只求"双赢"，否则不做；
- 招贤纳士，与你共同迈向真正领导者的行列；
- 豁达明智地对待不易相处的人。

第三层次：绩效/成绩

- 主动承担企业发展的责任；
- 制定并坚持已阐述的企业目标；
- 让你的职责描述和积极动力成为目标阐述中不可或缺的一部分；
- 从自身做起，使结果切实有效；
- 审时度势，做回报率可观的事；
- 传达企业战略目标和发展蓝图；
- 抓住时机，勇于改变；
- 关键时刻，敢于决策，扭转局面。

第四层次：人才培养/复制

- 意识到人是最宝贵的财富；
- 将人才培养放在首位；
- 做他人追随的典范；
- 将领导力重点放在排名靠前的20%的员工身上；
- 给核心领导者提供发展机会；
- 尽量吸引目标一致的优胜者/成就者；
- 为完善你的领导力，凝聚核心。

第五层次：人格魅力/敬佩
- 你的追随者始终忠诚，敢于牺牲；
- 致力于领导者的磨炼；
- 你已成为发言人/咨询者，授人以渔；
- 你的最大乐趣便是目睹他人成长；
- 你已凌驾于企业之上。

每个人都可以是领导者，因为每个人都在影响着别人。并非每个人都能成为真正伟大的领导者，但你可以尽力做得更好。现在你只要回答两个问题："你能激发自己的领导力潜能吗？""你的领导力才干能为他人带去福祉吗？"本书将帮助你找出答案。

我的影响力

我的生命犹如灯塔，
熄灭前，
留下无数或好或坏的痕迹，
曾像黑夜里的明灯。
这，就是我永远的期望，
永远的祈祷。
上帝，请允许我用生命照亮他人，
予他们以引导和力量。

激发领导力潜能的步骤

复习

1. 领导力是_____

2. 领导力的五个层次：

   （1）_____

   （2）_____

   （3）_____

   （4）_____

   （5）_____

3. 目前，我对大多数人的影响力居于哪个层次？
   _____

4. 目前，他人对我的影响力居于哪个层次？
   _____

回应

1. 列举出你所在的企业中对你影响最深的五个人。

（1）你对他们的影响力居于哪个层次？

（2）他们对你的影响力居于哪个层次？

2.每个月花一小时的时间与这五人分别相处，并和他们建立联系。

3.每个月花两小时的时间与这五个人一起相处，并发展与他们的关系。抽出两小时，一小时用于复习本书中的一章内容，另一小时和他们做一个提升企业声誉和增强凝聚力的项目。

4.复习领导力在五个层次中的不同特征，挑出你比较弱、需改进的三项：

（1）_____

（2）_____

（3）_____

第二章
领导力的关键：优先次序

最近，在我参加会议期间，听到与会人员说："人们最难做到的两件事是按照主次顺序来做事和思考。"这也正是专业人士和业余人士的区别所在。

而我相信，这同样是领导者和追随者之间的显著区别，因为：

- 讲究务实的人知道怎样得到他们想要的；
- 哲学家知道他们应该要什么；
- 领导者知道怎样获得他们应该获得的。

成功可以被定义为逐步实现预定目标的过程。这一定义也告诉我们优先顺序的原则和实现既定目标的能力是一个领导者成功的必要条件。其实，这也是领导力的关键。

成功是逐步实现预定目标的过程。

多年前，在攻读商学学位期间，我接触到了"帕累托法则"，通常称之为"20/80法则"。虽然只了解了一些皮毛，但已开始慢慢将其运用到了我的生活中。20年后，我发现这是决定一个人或一个企业行动优先次序的有效工具。

帕累托法则

如果你将时间、金钱、精力和人脉都集中在20%的重要事情上,那么它将为你带来80%的产出和回报。

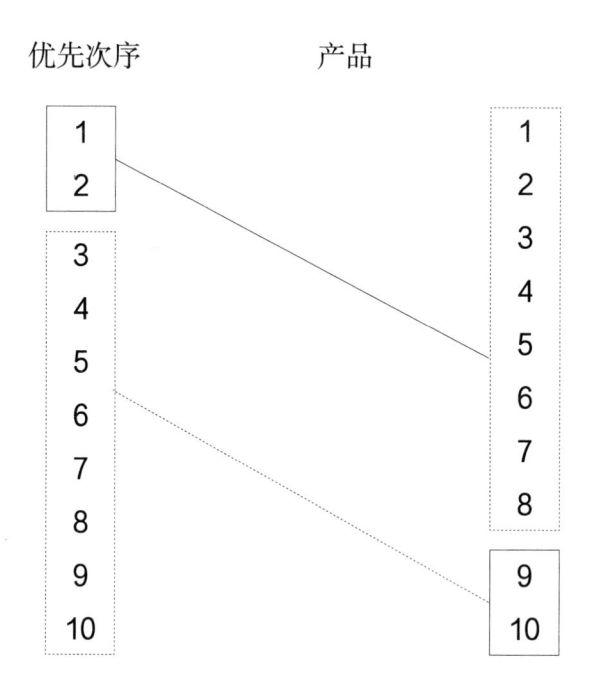

优先次序　　　产品

| 1 |
| 2 |

| 3 |
| 4 |
| 5 |
| 6 |
| 7 |
| 8 |
| 9 |
| 10 |

| 1 |
| 2 |
| 3 |
| 4 |
| 5 |
| 6 |
| 7 |
| 8 |

| 9 |
| 10 |

帕累托法则：20/80法则

上图中实线部分表示一个人或一个企业将时间、精力、金钱和人脉都集中在最主要的事情上，得到的是4倍的回报。而虚线部分表示一个人或一个企业将时间、精力、金钱和人脉都集中在次要的事情上，得到的回报却很渺小。

帕累托法则的具体实例

时间	20%的时间产生80%的回报
咨询	20%的客户占据我们80%的时间
产品	20%的产品带来80%的利润
阅读	20%的书籍包含了80%的内容
工作	20%的工作给予我们80%的满足感
演讲	20%的讲述产生80%的影响力
捐赠	20%的人筹到80%的善款
领导力	20%的人作出80%的决策
野餐	20%的人吃掉80%的食物

每个领导者都需要在管理和领导力领域明白帕累托法则。比如，一个企业兴旺衰败的80%由其20%的人决定。以下策略将有利于领导者提高生产力，增加企业效益。

(1) 决定谁将是顶级的20%的效益产出者。

(2) 将"人才培养"精力的80%集中到20%的优秀人才上。

(3) 将"人才发展"经费的80%投入到20%的优秀人才上。

(4) 确定哪些工作的20%能产生80%的收益，再培养一名助手去完成其他80%的低效率工作。这样可为效益的主要产出者节约更多的时间去专注完成其他工作。

(5) 工作期间，让这20%的顶级人员再培训一批同样的员工。

切记，我们讲授的是自己所掌握的，我们重现的是自己的切身体会。如同我们自身的复制延续一样。

我在领导力研讨班上讲授此策略时，常有与会人员问道："在企业中，我如何确定这20%的顶级影响者/效益产出者？"我建议，你先列出公司或部门的人员清单，然后针对每个人问自己一遍："如果这位员工与我持反对意见、消极工作或不再支持我时，可能会出现怎样的影响？"如果无法得出肯定有效的答案，就先在这个人员名字旁做上标记。如果这位员工能帮助你或对你不利，但不足以对重要工作造成阻碍，则不用做标记。这样逐一排除后，就能筛选确定出15%～20%的人员名单。这些都是需要发展的、需要为促使企业不断壮大而付出相应代价的重要人际关系。

关键在于如何巧妙地工作，而不是如何辛苦地工作

从前有一个人被告知，如果他能勤劳工作，就能富有。而他所知道的最辛苦的工作就是挖坑，因此便在自己家的后院里挖出了一个很大的坑。结果他不但分文未得，还落下一身的疼痛。虽能勤劳工作却无优先次序的原则，才是他有如此下场的根源所在。

系统规划抑或杂乱无章

每个领导者都应具备同时兼顾且驾轻就熟地处理三四个紧急项目的能力。若事事亲力亲为,终究碌碌无为。

工作的优先分配

首要/紧急:首先处理。

首要/不紧急:确定完成期限,并安排到每日工作计划中。

次要/紧急:寻求快速有效的解决方案,但不用亲身投入。如有可能,安排给有能力完成此工作的助理去做。

次要/不紧急:这类工作虽忙碌但却是反复乏味的工作,如文件归档等。每周集中一个半小时处理,或让其他人来做;也可置之不管。但在将今天的工作拖到明天之前,请先仔细想清楚,不然很可能会将此工作永远拖延下去。

多年前,我在波士顿的一次会议上讲授完"20/80法则"后的几个星期,我的朋友约翰·鲍恩(John Bowen)送给我一张图纸,记录着他的听课笔记和体会。自此之后,我自己也开始用这种方法记录自己要做的工作。也许,这对你也会有所帮助。

帕累托

日期_____

要打的电话	已完成		个人标注	已完成
1._____	☐		1._____	☐
2._____	☐		2._____	☐
3._____	☐		3._____	☐
4._____	☐		4._____	☐

20/80时间表

按照优先次序，记录完成时间——首要/紧急的工作清单。

1._____ ☐
2._____ ☐
3._____ ☐
4._____ ☐
5._____ ☐
6._____ ☐
7._____ ☐
8._____ ☐
9._____ ☐
10._____ ☐

待处理的工作
（首要/不紧急）

1._____ ☐
2._____ ☐
3._____ ☐
4._____ ☐
5._____ ☐
6._____ ☐
7._____ ☐
8._____ ☐

可委派的工作
（次要/紧急）

1._____ ☐
2._____ ☐
3._____ ☐
4._____ ☐
5._____ ☐
6._____ ☐
7._____ ☐
8._____ ☐

选择主动发起或被动听从

每个人在新计划面前,不是发起者就是回应者。我们的日程安排表就是例子之一。问题并不在于"我的日程安排表是否排满"而在于"我的日程表上安排了哪些工作"。如果我们是他人的领导者,那么问题就在于,"我想要见谁"而非"我要见谁"。据我观察,领导者都趋向于计划的发起者,而跟随者则趋向于回应和执行。注意以下差异。

领导者	跟随者
发起	回应
领导:拿起电话,联系客户	听从:坐等电话铃响
制订计划	只为度日
未雨绸缪	临时抱佛脚
投入时间与人相处	与人相处消磨时间
根据优先顺序安排日程	按要求安排日程表

正确评估或陷入困境

一个拥有多年丰富经验的决策者给了我一个简短的忠告:决定哪些事该做,然后马上做;决定哪些事不该做,然后搁置。然而,事情的主次先后往往却很难评估,很多事情并非只有简单的非黑即白两极世界,而是处在灰色地带中,难以判断。我也发现,人们往往只有在最后才恍然大悟"当初应该最先做什么"。

以下这些问题将帮助你辨别主次顺序。

1.我的要求是什么

一个领导者除了终局责任外，可以放下任何事。在接受新工作前，一定要清楚的问题是"我的要求是什么"。换句话说，哪些工作是我必须去做且他人无法完成的？无论是什么，这些事都必须放在首要位置。如有失误，将导致你进入失业队伍。你的职位中会包含很多职责，而其中有一部分要求你亲力亲为，是非你莫属的。因此，要将你必须亲力亲为的工作和可以委派给他人的工作区分清楚。

花一分钟时间，列举出你工作中所需的要求（如有可能，按主次列出）。

（1）_____

（2）_____

（3）_____

（4）_____

2.什么给我的回报最大

所付出的努力应和预期回报成正比。我时常问自己，"我现在的工作得心应手吗？我能为公司带来效益吗？"在通常情况下，很多企业都存在以下三个问题：

- 滥用：仅少数员工忙得不可开交。
- 淘汰：闲置人员，无所事事。
- 误用：很多员工能力不足。

博·杰克逊（Bo Jackson）曾在高中的美式橄榄球队担任防守，球技精湛却未能带领球队夺冠，赛季成绩仅是三胜七负。在奥本大学（Auburn University）上学期间，橄榄球队的三个跑锋都受伤了，博·杰克逊的教练让他替代，直到所有负伤球员归队为止。虽然博·杰克逊忧虑不安，但还是做到了，也获得了相应的回报。这是个关于"回报"问题的最好例证。

花一分钟的时间，列举出工作中哪些事给予了你最大回报。

（1）＿＿＿＿＿＿＿＿＿＿＿＿＿＿＿
（2）＿＿＿＿＿＿＿＿＿＿＿＿＿＿＿
（3）＿＿＿＿＿＿＿＿＿＿＿＿＿＿＿
（4）＿＿＿＿＿＿＿＿＿＿＿＿＿＿＿

3.什么是最有收益的

人生短暂无趣，最能享受的时光也便是最努力工作的时候。不久前，我在一个领导力研讨班上讲授过这一法则。当时的演讲主题是"努力工作，热情投入"，我在课堂上鼓励观众去做一些自己喜欢的，愿意全身心投入不图任何回报的事情。同时，我也鼓励他们将这些事学会并做好，以至于愿意为它们付出相应的代价。格拉纳泰利（Andy Granatelli）曾说过，当你因做某件事而获得成功时，那便不再是工作，而是生活的一种方式。我相信，你会因自己为这个世界作出的贡献而享受其中。

列举出工作中哪些事让你最有成就感/最有满足感。

（1）＿＿＿＿＿＿＿＿＿＿＿＿＿＿＿
（2）＿＿＿＿＿＿＿＿＿＿＿＿＿＿＿
（3）＿＿＿＿＿＿＿＿＿＿＿＿＿＿＿
（4）＿＿＿＿＿＿＿＿＿＿＿＿＿＿＿

如果需求、回报、收益（requirements，return，revoand，3R）都基本达到要求时，工作也会卓有成效。换言之，如果工作需求能与给我最大回报的工作能力相匹配，也能带给我更大的工作热情，那么根据工作的优先顺序，我定会取得成功。

优先法则

优先顺序并非"永久不变"

很多需要特别关注的和优先解决的事情总是在不断变化。罗斯·佩罗（H.Ross Perot）说过："对于处在领先位置的、有价值的可贵事物，我们应该不断为之奋斗和追寻，并制定正确适当的优先顺序。"

正确合理的优先顺序，需要你。

- 评估：每个月都检查回顾工作中的3R。
- 排除：问问自己，"我现在做的工作哪些可被他人取代？"
- 估算：这个月我须要完成的首要工作有哪些？需多长时间完成？

切勿过高估计所有事情的价值性

我非常喜欢这一原则。虽有些夸张，但值得提及。威廉·詹姆斯（William James）说过："拥有智慧的艺术，就是懂得'忽略'的艺术。"然而，我们大多数人却本末倒置，让太多的琐碎小事占据了我们有限的时间。

> 切勿过高估计所有事情的价值性。

安东尼·坎伯洛（Anthony Campolo）在50位95岁以上的人群中做过一次社会调查："如果生命可以重来，你会做哪些与此生完全不同的事？"这是个自由开放式的问题，答案多种多样，但不断重复出现的以下三种答案使此次调查很快有了结果：

- 如果生命可以重复，我会深思熟虑更多。
- 如果生命可以重复，我会勇于冒险，尝试更多。
- 如果生命可以重复，我会做更多在我离开后还能延续的事。

曾有人问过一位年轻的小提琴演奏家成功的秘诀是什么，她回答道："有计划地忽略。"随后她解释道："我上学时，所有的时间都被功课排得满满当当。每天早餐过后，回到房间收拾床铺、整理房间、打扫地板，将所有映入眼帘的地方都收拾一遍，接着急急忙忙地开始练琴。但我突然觉得自己并没有想象中那样提高很多，于是就改变了事情的先后顺序。直到练琴结束之前，所有事都置之不理。我相信，'有计划地忽略'过程，就是我如今取得成功的最大原因吧。"

"好标准"才是最有力的敌人

多数人面临是非对错的问题时，都会考量、区分优先次序后作出合理安排。但是，若被夹在两个不错的选择之间，就会产生问题。假如这两个选择对我们工作中的需求、回报和收益都有利的话，该怎么办？

如何摆脱两个不错选择的困扰

- 问问你的上司和同事，看看他们的选择倾向。
- 如果其中之一能由他人代劳，就将其转交给他人。这样，你便可集中精力做那件非你不能的事。
- 哪个选择对客户更有利？很多时候我们都像商人，急切地想保持店面清洁以至于从不打开店门迎接顾客。所以，请明白，经营店铺的最终目的是开门迎客，而非打扫店面！
- 你的决策要以企业利益为基础。

一个灯塔守护者常年在岩石崎岖蜿蜒的海岸线上工作，每个月都能获得一桶新油，以此来保证灯塔四季常亮。离海岸不远处，他总会碰到一些常客：夜晚来自村落跟他讨油回家取暖的女人、跟他要油回家点灯的农夫、要油去润滑车轮的人等。似乎所有的要求都听起来合理正当，所以灯塔守护者便接受并满足了他们的所有要求。月底时他才发现油越来越少，灯塔渐近熄灭，致使那天晚上船只失事，乘客遇难。有关当局来调查时，他悔恨不已，祈求原谅和宽恕，但调查人员只回复道："那些油的用途和目的只有一个——保持灯塔永远明亮！"

你不可能拥有一切

当我的儿子乔尔·波特（Joel Porter）还小的时候，我每次带着他去商店时，都会告诉他："你不能什么都买。"和很多人一样，他的人生中也要面临艰难抉择和难以取舍的时刻。在95%的情况下，我们获得一些东西的过程也正是我们了解自己内心所需的过程。多年前，我读过威廉·欣森（William H.Hinson）的一首诗：

> 有的人，一生只寻求一个目标，
> 并渴望在生命结束前实现。
> 有的人无论走到哪里，都在寻求下一个目标，
> 臆想所有的播种都能收割。
> 最终，收获的却只是贫瘠和遗憾。

一群登山爱好者正准备攀登法国和意大利交界的阿尔卑斯山脉最高峰——勃朗峰。攀登前的一晚，法国导游略述了顺利登上顶峰的前提条件："要想登至顶峰，绝非易事。只带简洁重要的必需品即可，剩下不必要的都全部扔掉。"

但有一名英国男子并不予以理会，第二天早晨一意孤行，仍然带了一条颜色鲜艳的毯子、很多奶酪、一瓶酒、几块巧克力，脖子上还带着相机和眼镜。导游劝道："你这样永远也登不到顶峰。最好是轻装上阵。"

这个英国男子固执己见，一人独自出发以此证明攀登到顶峰的决心和能力。剩下的成员都已遵从导游的建议，行李从简。登峰途中，他们陆陆续续地看到一些掉在路上的东西：毯子、奶酪、酒、相机器材和巧克力。最后到峰顶才发现，是这个英国男子中途醒悟，丢弃了这些不必要的东西。

被很多要事麻痹的我们

工作中，我们每个人都遇到过文件聚集成堆、电话响个不停、一开门所有人一拥而进的时刻。还记得那些让你"瞬间僵硬的感觉"吗？

威廉·欣森曾给我们解释过——为什么动物训练师在进入狮笼时除了带着的鞭子和配备的手枪外，始终还会带着一个凳子。因为这是训练师最重要的工具。了解动物的人都知道，凳脚朝向猛兽的脸时动物的注意力会立刻集中在这四个凳脚上。此时训练师迅速地把凳脚朝狮子脸上猛地戳去，一阵麻痹感会袭上狮子的全身，之后就会变得温顺、虚弱且没有威胁性，因为它的注意力被分散了（现在我们应该更同情狮子了）。

一天，一位能力出众的员工谢里尔来找我。见到她时，我才知道她工作超负荷，看起来疲惫不堪。她的"工作清单"越来越多，越来越长。我建议她列出所有的工作后，我和她一起将这些工作任务按照优先、主次顺序排出。这样，她才如释重负。直到现在，我依然清晰记得当时她脸上透出的轻松舒适。

如果你在工作中不堪重负，那么也先将手中的工作按优先次序排列后，再拿去给你的老板过目，看看他又将如何区分和选择。

每个月末，我都会计划和布置次月的工作，和我的助理芭芭拉（Barbara）一起把工作整理罗列后标注在日程表上。每个月她要帮我处理上百件事情。但是，面对首要且紧急的事时，我都会和她沟通，让她把其他事先放置一边，着手处理这些事。所有真正的领导都懂得这个道理——只有对一些"好"的事说"不"，才能得到最好的结果。

当次要事宜占据我们太多时间时，麻烦也会伴随而来

罗伯特·麦凯恩（Robert J.McKain）曾说："多数目标未能实现的原因是我们在次要事情上花费了太多时间。"

多年前，曾有过一则300条鲸鱼突然死亡的头版新闻。报道称鲸鱼当时正在追赶沙丁鱼，最后却发现自己被困于一个海湾中无法逃脱。评论员弗雷德里克·布朗·哈里斯（Frederick Broan Harris）称："这是那些小鱼引诱海洋巨霸所导致的后果……而鲸鱼却将巨大的能量误用在追逐无关紧要的小目标上而毙命。"

生活中同样有很多琐碎的小事牵绊着我们。美国东方航空的一架喷气式客机在佛罗里达州的沼泽地坠毁，就是个悲剧性的例子。这架从纽约飞往迈阿密的401航班满载着度假的旅客。当飞机接近迈阿密机场准备降落时，显示起落装置正常运作的信号灯突然间灭了。当驾驶人员埋头检查是起落装置失灵还是信号灯灯泡出现故障时，飞机则开始在沼泽地上方大幅度盘旋。

随行机械师尝试换下灯泡，灯泡却丝毫拆不动，于是其他机组人员也一同帮忙。就在经验丰富、薪酬不低的飞行员们忙于处理这个价值仅为75美分的灯泡时，没有人注意到飞机正在快速降落。最后飞机直接坠入沼泽之中，导致数十人遇难。

工作的最后期限和其紧急性迫使我们采纳优先法则

帕金森法则（Parkinson's Law）告诉我们：如果你只有一封信要写，你会花上一整天的时间。如果你有二十封信要写，你也会在一天内处理完毕。

我们工作中最有效的时间是什么时候？假期前的那个星期！为什么我们不能总是以度假前一个星期的方式来生活、作决策、清理办公桌和回电话？在正常情况下，我们工作是有效率的（正确地做事情）。当时间逼迫或紧急事件出现时，我们会变得更有成效（做正确的事情）。效率是生存的基础，效果是成功的基础。

效率是生存的基础，效果是成功的基础。

1921年4月14日晚，巨型豪华游轮泰坦尼克号在大西洋与冰山相撞沉没，无数人丧生。但这场灾难中最令人"费解"的故事之一发生在救生艇上的一名妇女身上。

当时她从船员处得知可以在三分钟内回头等舱拿些东西后，便立马穿过走廊，跨过脚下被人丢下的钞票和首饰，来到她的房间。她没有带走任何珠宝首饰，而是匆忙地抓了三个柳橙，接着迅速地赶回救生艇上。

如果在灾难前，她用自己的一颗小钻石来交换他人的一箱柳橙，那么别人肯定会觉得她荒唐可笑。然而情势变了，船上所有人的价值观也瞬间改变。正是紧急事件的重要关头使她清楚地作了优先选择。

何为"真正的重要"，我们总是后知后觉

有这样一家人，厌倦了城市的喧嚣和拥挤的交通，决定离开，尝试去往更广阔的空间生活。他们收购了一个西部农场，打算饲养奶牛。一个月后，亲朋好友来此参观。当有人问到农场的名字时，父亲说道："我想将其命名为Flying-W，妻子的意见是Suzy-Q，但儿

子们却喜欢Bar-J和Lazy-Y。最后，我们合意的结果是Flying-W、Suzy-Q、Bar-J、Lazy-Y农场。""你们饲养的奶牛在哪里呢？"父亲回复道："我们一只奶牛也没有了，因为在争论农场名字的时候，它们全部死了。"

有位匿名作家说过："人都是紧握拳头而来，两手空空而去。生活中，总有一种方式让我们知道重要之事的取舍和优先次序。"

加里·雷丁（Gary Redding）讲述过一个关于马萨诸塞州参议员保罗·聪格斯（Paul Tsongas）的故事。1984年1月，聪格斯宣布从参议院退休，且不再寻求再次竞选。他本是一名声势看涨的政治明星，是下一届选举中最被选民看好的一位，甚至被视为未来最有潜力的美国总统或副总统人选。

在宣布这个决定的几周前，聪格斯发现他患上了淋巴癌，无法痊愈，但通过治疗，症状会得到一些缓解。事实上，这种病对身体或寿命并不会造成太大影响。病情不仅没有迫使聪格斯离开参议院，反而促使他面对现实，思考死亡。也许他再也无法达成心里所有的夙愿，那么有生之年哪些才是他真正想做的？

他终于明白，人生中，即使无法拥有一切也不愿放弃的、最渴望的事情就是与家人在一起，看着孩子一天天成长。这些远比修订国家法律，或将自己的名字载入史册更重要。

在他宣布退出后不久，一个朋友写了封信给他，祝贺聪格斯的正确决定。"没有人会在他日落西山时还说，'我希望我能花更多时间在工作上'。"

第三章
领导力的要素：诚信

在词典上，对"诚信"的定义是"完整、统一的状态"。我若是诚信之人，就应言行一致。因为无论身在何处、与谁共处，我就是我。

不幸的是，现如今诚信已在逐渐消逝。个人标准使这个社会摇摇欲坠，狂热的个人欲望和成功捷径似在吞噬整个社会。

有位求职者在填写工作申请表时遇到过这样的问题："你曾有过犯罪记录吗？"求职人员在空格处填写的是"无"。而紧接着的问题是："为什么？"由于表中未明确指出求职者可以不回答此部分的问题，因此这个"天真诚实"的求职者写道："我认为，是因为我从未被逮捕过。"

杰夫·丹齐格（Jeff Danziger）的一幅漫画展现了这样一件有趣的事情。有位公司董事长对他的全体员工宣布："各位，今年公司的运营策略是诚信。"会议桌一侧的副总经理喘吁地回应道："明智！"然而另外一名副总经理却喃喃低语："这样过于铤而走险，冒险行事。"

另外，《纽约客》（The New Yorker）刊登过一幅漫画。两个面庞清爽干净的中年男子同坐在一间牢房里，其中一个男子对另一个男子说："我一直认为我们的腐败程度已与这个社会的贪污标准处在同一水平线上。"

美国白宫、五角大厦、国会、教堂、体育馆、大学校园，甚至是托儿所都被丑闻袭击。在任何情况下，诚信的缺失都可以追溯到组织机构中个人道德标准的优劣。

  一个诚信之人将不会忠诚分裂（即表里不一），也不会阳奉阴违（即虚伪）。他是"纯粹完整"的，因为其单一的贯穿始终的品质很容易甄别。这样的人从不隐藏，从未恐惧。他们的一生就如一本打开的智慧之书，示于众人。吉尔伯特·比尔（V.Gilbert Beer）曾说过："一个诚实正直的人，必定拥有自己的价值体系。因此，坦然面对人和事的同时也有清晰的判断标准。"

  无论对谁，诚信取决于他是怎样的人，而非他做了什么。相反，怎样的人才会决定他做怎样的事。对每个人而言，价值体系是我们无法分割的一部分。它就像导航系统一样指引我们，将生活和工作中的事建立起优先次序，并加以判断和适时取舍。

> 无论对谁，诚信取决于他是怎样的人，而非他做了什么。

  人人都要面对各种矛盾情绪和欲望，每天都在"想要做什么"和"应该做什么"的情形中苦苦挣扎。无论你怎样高尚、怎样超凡脱俗，都无法摆脱这些斗争。然而诚信是决定于此的因素之一，并帮助我们建立挣脱这些困扰的基本准则。诚信同样也决定着我们的本真，指引我们矛盾困惑出现前该如何应对，也会将我们所思、所言、所做结合融入，因此对于言行不一致、表里不一的人才会有以上三者不统一的情况。

  诚信，与我们每个人紧密相连的同时还能助长我们内心的满足感。因此，一旦诚信作为裁判，行为就要成为心灵的镜子，始终如一，也不允许有心口不一的情况发生。无论身处顺境还是逆境之中，诚信之人的外表和其家人所熟悉的他绝无相向；无论世事变迁，始终一如既往。

  诚信不仅仅是两种欲望的裁判员，它也是决定你积极和消极意志的关键所在。无论前路怎样，只有诚信能使我们成为纯粹、完整的人。

苏格拉底曾经提醒过我们："成为圣贤的第一要素是要表里如一。"很多时候，在我们成为真正的"人"之前，我们已在试图"做人"。要想赢得信任，领导者就必须品行端正，言行一致，如优秀的音乐作品一样，词曲配合完美，相得益彰。

如果我们言行一致，定会产生完美的效果。例如：

我规定准时上班。如果我准时上班，员工亦会如此。
我规定积极工作。如果我态度积极，员工亦会如此。
我规定顾客至上。如果我把顾客放在首位，员工亦会如此。

如果我言行不一致，那么结果也一定很不理想。例如：

我规定准时上班。如果我上班迟到，员工也会迟到、不准时。
我规定积极工作。如果我消极工作，员工也会懒散。
我规定顾客至上。如果我以个人利益为重，员工也会无视顾客。

我们所获取的89%的认知来源于视觉，10%来源于听觉，而剩余的1%要靠其他感官。因此，领导者的言行一致，会让更多的跟随者看在眼里，同时也会让他们更坚定一致，忠诚相待。因此，他们听之任之，看之信之。

然而，经常有一些领导者却用一些短浅拙劣的手段来激发员工。他们未曾考虑过，员工真正需要的是以身作则的典范，而不是虚有其表的言辞。

信誉优劣的测试

你越是可信可靠，人们对你的信心也会越高，从而也会更多地允许你引导和影响他们。反之亦然。

> 外在形象是他人对我们的印象，而诚信是我们该有的本真。

许多参加过我的研讨班的领导者都问过我："如何才能改变公司现状，您能给出深刻见解和意见吗？"我的回答依旧是："我的目标是激励你个人去改变，这样，整个公司才会更上一层楼。"就如我多次重复的那样，一切成败皆系领导力。成而不败的秘诀就是诚信。我们来一同研究一下其如此重要的原因。

诚信铸就信任

德怀特·艾森豪威尔（Dwight Eisenhower）说过：

> 一个真正的领导者，必须要有追随者，且要获得他们的信任。因此，毋庸置疑，一个领导者的至高素养便是诚信。没有它，就没有真正的成功，无论是在公路养护班、足球

队、军队，还是在企业中都是如此。如果同事发现他品行不正、缺乏表率作用，他也同样不会是成功的领导者。因此，真正的领导者最需要的是：诚信和远大的目标。

一位荷兰管理学专家，皮特·布鲁因（Peter Bruyn）认为，权威并不意味着老板拥有比下属更多的权力，而应该是一种影响下属，使下属认同、接受这种权力的能力。他将此称之为一种"交易"：只要领导者以一种下属能接受的领导方式领导他们，那么下属自然也会以心甘情愿地接受领导作为回馈。那么，布鲁因的理论精辟之处是什么呢？很简单，即管理者必须建立并维护自己的信誉；下属必须相信管理者能真心实意地对他们。

在很多时候，企业高层管理者都期望员工"跟随并服从"他们。通过设立新职位、颁布新规定，来杜绝背道而驰者的出现。遗憾的是，他们的权威并未奏效，未能如愿以偿。为什么？因为有问题出现时，他们总试图寻找外因，忽略内因。他们因缺乏诚信而失去权威。

卡内基梅隆大学的一项调查显示，每400位管理者中，只有45%的人信任其高层领导者；1/3的人并不信任他们的直接领导者。在这样一个急需诚信的时代，每个企业中的领导者都必须有所作为，来提高和改善这些数字背后的现状。

卡韦特·罗伯茨（Cavett Roberts）说过："如果人们理解我，我便得到了他们的关注；如果人们相信我，他们便会以行动来证明。"一个真正的领导者需要的并不是办公室门上挂的头衔，而是其追随者的信任。

诚信具有很高的影响价值

爱默生（Raplh Waldo Emerson）说过："每个伟大的组织机构都犹如一个被拉长的人的影子。领导者的品格决定了组织机构的品质。"这与威尔·罗杰斯（Will Rogers）的观点极其相似："人们的思想要通过他们自己的观察来改变，而不是靠争执。"眼观为实，只相信自己的眼睛。

根据对1300名企业高管的相关调查得知，诚信是事业成功的必备品质。在提高管理者效率的16项品格中，71%的人都会把诚信列在首位。

可悲的是，诚信的影响价值已在社会中逐渐淡出。R.C.史普罗（R.C.Sproul）在其著作《对异议的回复》（*Objections Answered*）中，讲述了一个在德国生活多年的犹太小伙子，因为看到父亲主张家庭生活要以他们信仰的宗教实践为中心，并虔诚地带着他们去犹太教会堂，而对父亲产生了深深的钦佩之情。

然而，在他年少时，家庭被迫搬到了德国的另一个城镇。这个镇上的人只信奉基督路德教，镇上并没有犹太教会堂。有一天，父亲决定整个家庭摒弃犹太教传统，加入基督路德教。当家里人震惊地问及原因时，父亲解释道："这样有利于我的事业发展和前途。"这令这个小伙子困惑不已，不知所措。深深的失望很快让他勃然大怒，并且感觉有一种强烈的痛苦折磨着他的生活。

随后，他便离开德国去了英国学习。每天穿行在大英博物馆的他，一直在为新书创作、构思，书中介绍了一种全新的世界观和设想改造这个世界的举动。他认为宗教就是"麻醉大众的鸦片"，并承诺没有上帝，跟着他进行阶级斗争定能使生活改头换面。他的想法道出了几乎世界一半人民的心声。他就是卡尔·马克思（Karl

Marx），共产主义运动的创始人。由于父亲对他价值观的扭曲和颠覆，致使他对整个20世纪的历史影响深远。

诚信促使高标准

领导者应具有比其追随者更高的标准。这一观点和多数人关于领导力的想法相异。在这个一路由特权保驾护航而不断攀向成功的社会中，很少有人意识到其中应有的道德和责任感。无论对自己还是对企业，真正的领导者即使舍弃一切，都不应放弃责任感。小约翰·洛克菲勒（John D.Rockefeller, Jr.）曾说过："我相信，与每一次的机遇、义务和财富一样，所有的权利背后都暗含着一种责任。"下图会说明这一原理。

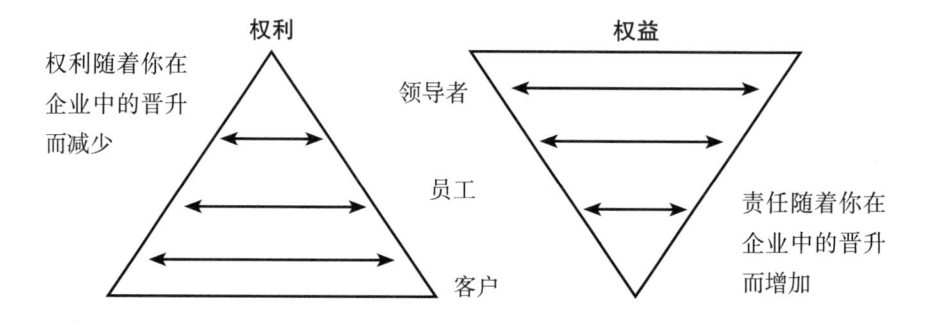

权利
权利随着你在企业中的晋升而减少

权益
领导者
员工
客户
责任随着你在企业中的晋升而增加

很多人都在维护自身权利的同时，却对应承担的责任视而不见。理查德·埃文斯（Richard L.Evans）在其著作《开放之路》（*An Open Road*）中写道：

> 一个有责任心、敢于担当的人是最难能可贵的，这样的人一旦交给他任务，不仅能认真有效地完成，还能落实到每个细节；反之，如果一项工作在完成一半时，总是反复检查、修改、不断验证，那么很显然此人工作并不称职。

汤姆·罗宾斯（Tom Robbins）曾说："切勿让自己成为时代的牺牲品。我们所在的社会和时代不允许我们被击落。现在社会上有一种趋势，将个人道德责任的缺失归结为身处的社会环境，使自己免除责任，但却要以出卖灵魂为代价。谁知品行上的瑕疵才是我们真正的局限所在。"所以，当领导者的品行低劣时，他们做人做事的标准也会江河日下。

诚信带来的不仅是形象，更是坚实的信誉

外在形象是他人对我们的印象，而诚信是我们该有的本真。两位老妇人在一处拥挤的英国乡村墓地附近散步时，看到了一块墓碑。上面刻着："约翰·史密斯（John Smith），一位政治家，一位诚实之人，长眠于此。"

其中一位妇人对另一位说道："哦，天哪，这太糟糕了！他们竟然将两个人放到了同一块墓地里！"

我们所有人都认识些表里不一的人。不幸的是，他们中很多人直到"功败垂成"时，还对自己金玉其外、败絮其中的事实浑然不觉。即使是那些自认为了解他们的好友也会非常吃惊。

在中国古代，人们建造了坚如磐石、牢不可摧的万里长城来抵御北方游牧部落的入侵。然而就在长城建好后的几百年间，人们仰坐其中、安心享乐时，却遭受了外敌的三次入侵。每次侵袭者取胜都不是因为攻克了城墙，而是因为他们贿赂守城官兵后，不动声色地进入了城内。这便是古代中国人"忙于砌墙，疏于德行"的事例。

回答以下问题，你的答案将决定你是否注重外在形象、忽略内在修养。

相容性：无论在任何场合都表里如一吗？

选择权：当面临对自己更有利的境地时，你会作出对他人也有益的决定吗？

赞扬：他人为你的成功作出努力和贡献时，你会毫不迟疑地认同吗？

托马斯·麦考利（Thomas Macauley）曾说："考量一个人真正的品行，就是要看他在四周无人时会做些什么。"生活就像一把老虎钳，有时让我们痛苦不堪。有压力时，人们的真实面目则会原形毕露。我们无法得到我们本就没有的东西。虽然外在形象能承诺很多，但始终无法兑现。但诚信则永远不会令人失望。

诚信意味着在领导他人之前，自己必须是诚信之人

比起并不真实的自己，我们更无法带领他人走得更远。很多时候，我们都只关注在过程中寻求捷径后带来的结果。然而一旦涉及诚信，从来都没有任何捷径。因为到最后，事实总会水落石出。

最近，就美国一些大型企业的品质管理问题，听到了一位咨询顾问在接受采访时的一段对话。他说："在品质管理上，我们从不担心最终的产品，只在乎过程。只要过程准确无误，那么结果自然会有保证。"对于诚信也是如此，良好的品行才能保证信誉。

当"挑战者号"航天飞机升空后爆炸的那一刻，所有美国人才震惊地发现质量控制部门早已警告过美国国家航空和宇宙航行局，航天飞机并未完全具备升空的条件。但和很多领导者一样，相关部门人员不顾其他，执意要求航天飞机升空，结果导致"挑战者号"的坠落。

我想起了篮球教练，唐·内夫（Don Neff）对我们球队特别强调

的话："赛场上打球要和你们平时训练时一样。"如果我们不遵从这一点，就无法发挥自己的潜力。同样，领导者若做不到这一点，也会丧失信誉。

别闹了！快放下我！我不会游泳！

诚信不仅使领导者有些小聪明，更有助于提升可信度

我曾经和联邦快递首席行政总监弗雷德·史密斯共进晚餐，这个充满智慧的商人与我分享了聪明之人和可靠之人的差异所在。他说头脑灵活的那些领导者不可能永远强盛。他的话让我忆起了彼得·德鲁克（Peter Drucker）对聚在教堂讨论重要事宜的牧师们说过的一段话：

> 高效领导者的最终要求应是赢得信任，否则就不会再有其追随者……所谓领导者就是有人愿追随你、信赖你，但信任并不意味着要完全同意。领导者要对他所说的话负责，也就是对一种非常传统的所谓的"诚信"坚信不疑。

领导者的行为和其所宣扬的信仰必须一致，或至少能相互对应。高效领导者——这也是先辈所遗留下的智慧——并不是以头脑的聪明为前提，而是要言行一致。

诚信的领导者不必将此公之于世。他们所做的每一件事都问心无愧。同样，无论一个管理者是多么有能力、多么称职，其伪善、虚伪也不可能被掩盖。

赢得同事的善意和尊重的唯一方法便是坦诚相待。没有人能永远愚弄他人。最终，我们每个人都会被识破，露出本来面目。

安·兰德斯（Ann Landers）说过："诚信之人都期待拥有他人的信任。他们知道时间会为他们明证，也愿为此等待。"

诚信得来不易

诚信并非每个人生活的必备条件。它是自我修养、自信自律的结果，是生活中方方面面坚持不懈地保持诚实。不幸的是，在今天的社会中，品格的力量却非常稀罕，也几乎没有了诚信的楷模，而我们的文化也无法再造就出时代的英雄和道德模范。我们身在一个模仿的国度，但真正值得模仿的领导者却寥寥无几。

诚信的含义已被侵蚀。不管是在好莱坞、华尔街，还是在商业街提及这个词，你所能看到的只有茫然相视。对很多美国人而言，"诚信"也只会让他们联想到假正经或目光短浅等词语。在这样一个连事实都被操纵的时代，基本的道德标准一夜间便被击碎在地。

或许诚信与我们所处的时代是对立的。包罗万象的生活哲学引领着的文化下只剩物质主义和消费主义，且其中的物质渴求已取代具有永恒意义的价值思想。

当我们出卖他人的同时，也出卖了自己。赫斯特（Hester H.

Chomondelay）在他的短诗《犹大》（*Judas*）中也强调了这一真理。

> 如古老谚语中所言，
> 人们总是自食恶果。
> 为30枚银币，犹大出卖的是自己，
> 而不是耶稣。

比利·格雷厄姆曾说："诚信犹如黏合剂，与我们的生活紧密相连。鉴于此，我们必须不断努力地守护诚信，使其完整无缺。

"一个人失去财富，无关紧要；失去健康，便没有了身体之本；然而失去诚信，则会一无所有，孑然一身。"

若要将你的生活构建在诚信的基础之上，不妨视埃德加·格斯特（Edgar Guest）的诗作《我对自己真实吗》（*Am I True to Myself?*）为一面镜子来反照自己当前的行为。

> 我不能再坐享其成，
> 所以是时候让自己幡然醒悟。
> 时光飞逝，我期待证明自己的成长，
> 在目光中看到坚定正直的自己。
> 不愿在日薄西山之时，
> 看到孤立无助的自己。
> 置若罔闻，
> 不愿靠在闭室辗转反侧，
> 自欺欺人。
> 以为世人戳穿不了真实的自己，
> 而在虚假中盛装粉饰，
> 并非我愿。
> 我只要抬头挺胸，

赢得尊重，

即使在名利之争中也能够爱护自己，

而非随波逐流，虚张声势。

我不再愚弄自己，

愚弄众人，

所以无论世事如何变迁，

始终自尊、自重、良心永存。

接下来，做一个有关约瑟夫·贝利（Joseph Bailey）的"导师的试验"。他曾问过30多位高层管理者对领导是否诚实，随后发现所有领导者都是直接得益于导师的教诲。爱默生说过："我们终其一生所渴求的就是有伯乐这样的人能在通往成功之路上为我们指引，助我们一臂之力。"一旦这样的人出现时，我们需要时时反省自己："我是否完全地学有所用呢？"若在此过程中弄虚作假，则是对导师和自己的伤害和辜负。

最后，再做一个"大众试验"。问问自己："对追随者是否真诚？"作为领导者，我们要心知肚明，错误的决策不仅对自身不利，而且也会影响周围追随你的人。然而，不当动机导致的错误决策则截然不同。在领导力登至顶峰前，我们必须要认识到，我们传授自己所学所知的同时，也在重复着真实的自我。诚信是积于内心的修养。

在其追随者面前，詹姆斯·库泽斯（James M.Kouzes）和巴里·波斯纳（Barry Z.Posner）是"可信赖模范"的鼓吹者，他们在《领导力：如何在组织中成就卓越》（The Leadership Challenge）一书中，共同阐述道，对于领导者而言，追随者最期待的四种品质是：诚实、能干、愿景和激情。

将你生活中最有意义的事情记录下来。这也是你长期膜拜的一种信念和原则，是你愿意为之付出生命的信仰。那么，试问你坚持的信念又是什么？

　　问问与你熟悉的人，在他们看来，你在生活中哪些方面始终如一、言行一致？哪些方面互相矛盾、言行相悖？

你只会成为本真的自己

虽然你无法回头,
却可以从头再来,我的朋友。
任何人都可以随时出发,
收获崭新的终点。

第四章
领导力的终极测试：创造积极性变革

改变领导者，才能改变企业。一切成败皆系领导力！然而，领导者的改变绝非易事。很多领导者与他们的追随者一样，都在抵制改变。结果呢？因为追随者的所见和模仿，因循守旧的领导者只能与一成不变的企业相匹配。

困境中的领导者剖面图

请注意以下所列出的这12点,都是一个领导者的致命点所在。其中5点与拒绝改变有关,对企业也是不利因素。

- 不懂得理解他人
- 缺乏想象力
- 个人问题缠身
- 推卸责任
- 自我安全感和满足感过甚
- 条理混乱
- 情绪易怒
- 怕担风险
- 不够可靠,因循守旧
- 墨守成规
- 缺乏团队精神
- 反对革新

尼可罗·马基雅维利(Nicolo Machiavelli)曾说:"没有什么事情比领导众人革旧维新、建立新秩序更危险、更困难、更难以处理的了。"

首先是领导者自身的改变。考虑到自己改变的难处后,才能理解改变他人是多么大的挑战。这便是对领导者的终极测试。

改变领导者——改变企业。

一位中东的神秘主义者说过：

> 年轻时，我是个满腔热血、想要参加革命的人。我便向上帝祈祷："神啊，请赐给我改变世界的力量。"当我人近中年时，才意识到我的生活丝毫没有改变，我的灵魂也从未受过洗礼。我再次祈求上帝："神啊，请赐给我恩惠，改变我身边所有的人，我的亲人和朋友，我便心满意足了。"现在我已是垂暮之年，时日无多，才恍然大悟自己之前是多么的愚蠢。只剩这一个心愿："神啊，请恩惠我改变自己。"如若从一开始我就抱有此愿望，或许就没有这样虚度光阴的一生了。

霍华德·亨德里克斯（Howard Hendricks）在他的著作《教你如何改变人生》（*Teaching to Change Lives*）中对每一个潜在的领导者抛出这样的言辞：

> 在这页空白处写下你就此问题的答案。最近，比如上周、上个月，或者去年，你有怎样的改变？你能翔实地进行描述吗？否则你的答案将模糊不清。你说你正在成长……那么是如何成长的呢？"好的，"你说，"以各种各样的方式在成长！"请举例说明。你瞧，有效的教学只有通过一个已改变的人能得以实现。你改变得越多，才能成为引导他人改变的助推器。如果你想成为变革的代言人，就必须不断地自我改变。

亨德里克斯也曾这样说过："如果你想不断地引导他人，你就必须要坚持改变。"然而，多数领导者并非如此，他们就像罗伯特·莱西（Robert Lacy）在其畅销传记《福特：人和机器》（*Ford: The Man and the Machine*）中所描写的亨利·福特一样，对自己的T型车喜爱有加，以至于连一个螺栓都不愿改动。1912年，当T型车问世4年，正直流行波峰之时，由于其一流汽车设计师威廉姆·努森（William Knudsen）推测此车型已渐近日落西山，而被他解雇。随后，刚从欧洲短途旅行回来的福特在密歇根的高地公园车库见到了努森对T型车的最新设计。

当时在场的机械师至今还记得当时福特立刻变得狂怒的神情。福特发现了新款低车身的T型车车上闪闪有光泽的红色亮漆，这与他之前喜爱的T型车在设计上产生了巨大的颠覆和不同。"他双手插兜，边走边围着这辆车看了三四遍，"一位机械师回忆道，"这是四门设计，而且顶部向下略倾。最后，他走到车身左边，突然用手砰地摔上车门后，门竟然裂开了……他怎么会有这么大的力气！福特在那里急切地乱跳后又摔了另一边的车门和挡风玻璃。接着又开始在后座上蹦来蹦去，使劲敲打车顶，并用鞋后跟把车体表面划出一道一道划痕。最后，把那车毁得乱七八糟，不可收拾。"

努森离开后去了通用公司。虽然亨利·福特独自又精心设计出了T型车，但却无法适应市场竞争的需求。最后，福特无奈之下放弃己见，重新开始设计研发新款A型车，但早已不再有从前的那份心思。即使是通用公司在其身后紧追猛咬，他也不再有往日的豪情壮志。

迪尔公司（Deere & Company）总裁威廉·休伊特（William A.Hewitt）的这段话也支持了此观点："作为领导者，你必须始终保持接受新观点、新思想的态度和胸襟。你的领导力才能不仅取决于你对新观点的评析度，而且还要求你将'为利益而变'和'为个人而变'区分开来。"

领导者：推动变革

领导者一旦从自身开始有所改变，并洞悉出偶尔革新和必须变革这两者间的差别，那么也就成了一位变革推动者。在这个飞速发展、不断变化的时代，领导者必须首当其冲地鼓励变革和成长，并指出变革之路的行进方向。他首先须懂得引起变革的两个必要条件：熟悉变革上的技术要求，了解变革应具备的态度和动机。

这两个条件是关键，缺一不可。然而，当变革的结果不够理想时，很可能是由于动机不当或不足所致，并非是缺乏技术上的聪明头脑。

变则通，通则易。

在一般情况下，管理者只擅长变革上的技术需求，但杰出的领导者对于跟随者所需的态度和动机上的要求都有更好的了解。注意这两者的差异：开始时，领导者的技术是关键，然而如若心理需求无法满足时，亦无法实现变革。一旦变革启动后，管理者则需要技巧来维持它。

鲍勃·比尔（Bobb Biehl）在他的著作《提升你的领导力信心》（*Increasing Your Leadership Confidence*）中讲述道："即使是合理的变革，也会导致人们心理维度上的焦虑。每个人都拥有一个自己的小环境，当我们习惯了它的舒适之后，一旦发生变化，就会感到压力和不安。因此在发生变化之前，我们首先要考虑的是心理维度上的问题。"

当你面对变革时，有一个不错的方法是合理地列出造成此变革的有利因素和不利因素，然后再将此变革所造成的心理影响另列出来。仅看这张纸上的列表便一目了然。你会对自己说："我虽不愿承认，但在这点上我很不安心，即使我已清楚这个变革是合理的。"

另一种可能性便是你意识到这项变革可能不会影响到心理安全感，但当你审查它的利弊时却发现其无益于实施。因此，关键是要将变革中逻辑层和心理层区别清楚。

关于抵制变革的历史事迹

没有什么事情比推动变革更冒险，更须承担责任，更无法把握的了。为什么？因为变革过程中那些在原有境况下工作表现好的人都可能是领导者的反对力量，支持变革的人寥寥无几。

抵制变革的力量无处不在。任何阶级、任何文化都会遭受这股力量的侵袭。他们会扼住新生力量的喉咙，试图阻止他们不断前进。即便是那些受过良好教育的人，对比现实的力量后，也会拒绝改变自身的观念，失去变革的勇气。

比如，古希腊哲学家亚里士多德（Aristotle）在宣称"物体越重，坠落到地面的速度越快"时，所有人都坚信他是伟大的思想家，他说的当然是毋庸置疑的真理。然而，在亚里士多德死后近2000年里，都未有一个勇于挑战的人站出来证明这一真理。直至1589年，伽利略（Galileo）挺身而出，召集了知名教授来到比萨斜塔下，随后他爬到塔顶，将两个分别重10磅和1磅的物体抛下后发现两个物体同时落地。由于传统认知和观念的根深蒂固性，所有教授都对他们所看到的现象持反对态度，并依旧坚信亚里士多德的理论。

伽利略还用望远镜证明了哥白尼（Copernicus）的理论——地球不是宇宙的中心，它和其他星球都围绕着太阳旋转。然而，当他宣告自己的结论，尝试改变人们对这一理论的支持观念时，却导致终身身陷囹圄。

与下述事件中所描述的一样，抵制变革在无形中会影响到人的健康和生命。古希腊著名医生希波克拉底（Hippocrates）曾解释过坏血病的症状。这种疾病多发生在军队，并在城市中长期蔓延。之后，随着美洲大陆被发现，长时间的海上旅途逐渐变得普遍，这种病也在水手当中蔓延起来。虽然有详细的病症理论和规定的处方，但病因和治疗方法却如大海捞针一样难寻。

1553年，法国探险家卡蒂埃（Cartier）第二次前往纽芬兰时，船上103名船员中有100人患了坏血病，当魁北克的易洛魁印第安人带着所谓的"灵丹妙药"前来救助前，他们一直深受痛苦和折磨。易洛魁印第安人给所有患者注入树皮和松树叶液体后，所有人得以康复。

同时，海军上将理查德·霍金斯（Richard Hawkins）注意到在他任职期间，已有一万名海军因患坏血病身亡。根据个人经验，他发现酸橙和柠檬对治愈这种疾病非常有效。然而，这一结论却未能引起人们的注意和重视，很快便销声匿迹了。

曾就职于英国朴次茅斯海军医院的主任医师、前海军医生詹姆斯·林德（James Lind）在他1753年出版的著作中，明确指出只要有柠檬汁就能治愈坏血病，并引用了很多由他执刀的手术实例；此外，他也已证明像芥末、罗望子、橘子和柠檬等都可治疗坏血病。事实上，任何一种富含维生素C的柑橘类水果，或只要是绿色植物和水果都能有效治愈坏血病。

你或许认为林德先生的这一伟大贡献应理所当然地受到崇高荣誉和嘉奖，但是你错了。他被世人嘲弄，经受挫败后气愤地说道："一些人就是固执地不肯相信，这种致命可怕的疾病竟然可以用如此简单的方法治愈。"他们宁愿相信一篇费尽心思编著的标有"抗坏血病的灵丹妙药"题目的学术文章。林德先生所说的"一些人"就是海军的高级将领和其他部分内科医生。在过去的40年里，他们一直将林德的研究发现视如敝屣。唯有后来著名的詹姆斯·库克（James Cook）船长相信了林德的结论，并在航海前囤积了大量的新鲜水果。

1776年，英国皇家协会表彰了库克船长的伟大成绩，但海军官方却并没有对他所做的坏血病报告予以重视。直到林德逝世的那一年（1794年），一支海军中队因事先有充足的柠檬汁补给，在海上旅途中得以生存23周之久，无一例坏血病出现。不幸的是，10年之后，海军官方才颁布正式法规，即为预防坏血病，海军每人每天必须服用定量的柠檬汁。随着法规的颁布和执行，坏血病也在英国海军中逐渐偃旗息鼓，消逝踪迹。

仅仅是因为很多人对变革的抵制、对新生事物的抵抗，导致那么多无辜的生命丧失，这并非仅是人类的不幸，更是一种让人怒不可遏的劣行。作为领导者，不要因自己对变革的态度和个人的素质而阻碍你成为一个成功的领导者。

你怎样书写"态度"这个词？

1. 用你常写字的那只手在左边横线上写下"态度"这个词。

2. 用另一只手在右边横线上也写下"态度"这个词。

_____   _____
常写字的手写出"态度"   另一只手写出"态度"

结论：

当你看着不常写字的那只手写出的"态度"二字时，你就能看到我们平时尝试做一件事时的态度，正所谓"万事开头难"。

人们为什么抵制变革

在史努比漫画中,查理·布朗(Charlie Brown)对莱纳斯(Linus)说:"也许你能给我答案,莱纳斯。如果你感到没人会喜欢你,你会怎么办?"莱纳斯回答说:"我会试图客观地审视自己,看看有哪些地方能够改进。这就是我的回答,查理·布朗。"然而查理回复道:"我讨厌这个答案!"

我们身边大多数人都会像查理·布朗一样,抵制改变的理由主要基于以下几点。

1.变革不是自我发起的

当人们在某个理念或创意上缺乏自主权时,他们通常都会抵制它,即使很符合他们的利益!他们仅是不喜欢被操纵,不喜欢体制的压制。因此,智慧的领导者会让跟随者一起参与变革。很多时候,我对变革的态度取决于我是否是发起者(百分之百的赞同),或者是否是他人将变革强加于我的(使我愈加抵触)。

2.变革打破常规

习惯只会让你机械地重复做同样的事,而我们很多人对此已习以为常。习惯并非本能,它需要的是行为上的反应;习惯也不是偶然发生,而是由起因所致。我们养成习惯后,习惯却反过来再塑造我们。然而变革却威胁着我们的习惯模式并强迫我们思考、重新评估,有时甚至要扬弃过去的行为习惯。

我年轻时，对高尔夫球深感兴趣。遗憾的是我只是自学，并没有接受过专业训练，几年间不知不觉地养成了很多打球的坏习惯。后来与一位高手较量，他调侃道，我最大的问题是打球后离球太近了！随后他便认真地地给了我一些建议，并诚恳地说，若想提高球技就要做一些改变。当我让他详细说明这些改变时，他给我的答案却是："所有方面！"因此，之后一年的练习中我摒弃所有的坏习惯。这是我一生中最艰难的经历之一。

3.变革引发未知的恐惧

变革意味着在未知汪洋中的徜徉，这会导致不安全感的激增。所以，很多人宁愿在老问题中怡然自得也不肯探寻新的改变。一群人极度渴望修建新教堂但又不敢付诸行动，直到天花板上的石灰掉落砸到董事会主席时，才紧急召开会议商讨此事，作出以下决定：

（1）我们要修建一所新教堂。
（2）我们要在原址上修建一座和旧教堂一样的新教堂。
（3）我们要用旧教堂的材料修建新教堂。
（4）直至新教堂建好之前我们依旧在旧教堂做礼拜。

只要不麻烦，不花费一分一毫，有些人对于变革还是会持赞同的态度。

4.变革的目的不明确

员工若没有在第一时间听到变革的消息，就会产生拒绝的心理。当变革需要作决策时，如果员工没有获悉其进一步的预期变化，那么变革中的阻力也会越多。这就是为什么变革的决策要尽可能多地向基层员工靠拢。决策者细微地洞察问题，才能制定出更好、更贴近现实的策略，且与此决策紧密相连的人才能第一时间得知这一决策。

5.变革引发对失败的恐惧

阿尔伯特·哈伯德（Elbert Hubbard）说过，一个人可能犯的最大错误就是害怕犯错。当被成功甚至是失败的感觉冲昏头脑时，是最悲惨的。在这一问题上，我同意圣地亚哥教士队（San Diego Padres）投球手拉里·安德森（Larry Anderson）的说法，即如果首战未捷，那么之后就要承受挫败的苦痛。很多人对失败恐惧，固执地坚持现有的安逸，抵制改变。

6.变革的回报与其所付出的努力并不匹配

只有察觉到变革的收益超越墨守成规的现状后，人们才会迈出改变的步伐。然而，领导者有时却无法意识到，员工往往在乎的是个人利益的得失，而非企业的利益。

7.人们过于满足现状

正如下面这个寓言故事中所说的，多数企业和个人固执己见，不愿选择改变。

20世纪40年代，瑞士手表在全世界享有声望，品质精良，全球80%的手表出自瑞士。到了50年代后期，电子表的理念被引荐给了瑞士手表公司的领导者，但遗憾的是他们却自负满满地拒绝了。随后，这位电子手表的创始人将此创意出售给了日本精工株式会社。

1940年，瑞士手表公司拥有8万名员工，全世界销售的手表80%出自瑞士；而现在，瑞士手表公司的员工仅有1.8万名，全世界销售的手表80%都是电子手表。这样的故事在我们周围和很多企业中屡见不鲜：宁愿毁灭，也不改变。

8.当人们陷入消极思考时，不会有变革发生

略过现状，消极思考的人只会对未来失望。一个消极思考者的

墓志铭是:"我期望如此。"多年前,我在一幢写字楼的标牌上读到的这段文字是此类思维模式的最好诠注。

> 别看——你可能会察觉。
> 别听——你可能会听到。
> 别想——你可能会学到。
> 别做决定——你可能会出错。
> 别走路——你可能会步履蹒跚。
> 别跑——你可能会中途跌倒。
> 别活着——你可能会死去。

我想在这个令人沮丧的清单上再多加一句:

> 别改变——你可能会成长。

9.领导者不受尊重

缺乏变革的领导者得不到跟随者的欣赏时,他们也不会客观地看待这场变革。换言之,人们总会依据他们看待变革推动者的眼光来审视变革。

我在领导力研讨会上曾分享过这样一句话:爱他,方能领导他。只有当你真诚地爱护你的跟随者时,他们才会尊重你,心甘情愿地跟随你迈向变革。

10.领导者易受他人评论的影响

领导者有时也会抵抗变革。比如,一个领导者正在推行的项目却因其他更好的项目而被停止,他/她可能会觉得这项改变是对他们的人身攻击,之后对新生事物也渐生抵触情绪。

企业为达到持续有效的发展目的,必须要持续经过"创造—维持—评判—变革"这四个阶段的循环。如下图所示:

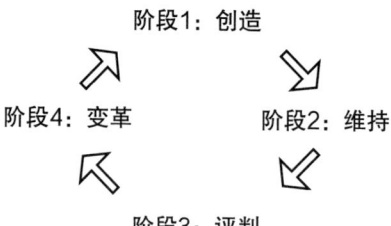

```
阶段1：创造
阶段4：变革        阶段2：维持
阶段3：评判
```

第一阶段和第四阶段属于一个企业的进攻阶段。第二阶段和第三阶段属于防守阶段。创新者可能会积极面对批判，推行新的变革，也可能会被其他创新者所取代。

11.变革意味着个人利益的损失

每当变革迫在眉睫时，每个人头脑中首先出现的问题是"他会对我有何影响？"通常企业中有这样三类人：（1）变革的损失者；（2）中立者；（3）变革的受益者。对待这三类完全不同的人时，不但要小心翼翼，而且要坦率坚决。

12.变革要求额外的付出

对很多人而言，时间恐怕是最宝贵的东西了。无论有什么改变，我们都会留意它如何影响我们的时间安排。在一般情况下，如果无须付出过多额外的时间时，我们对变革会举双手赞成。西德尼·霍华德（Sidney Howard）也曾说过，当你对自己想要什么而感到茫然若失时，先想想需要放弃什么。当变革的代价是舍弃自己的时间时，那么很多人都会止步不前。

如若需要投入额外的时间，领导者必须要考虑到那些不愿或不能牺牲时间的参与者。意愿决定态度，跟随者由于态度的原因而拒绝变革时，领导者也束手无策。但是变革能否顺利进行，与人们能否审时度势及思考问题的思维、角度密切相关。因为受到当前所处环境和责任的限制，多数人虽赞成变革，但无力真正参与到变革的进程中。就这一点上，领导者要优先安排工作，取消非必要的工作，注重变革的间接价值，以此来达到变革的目标。

13.狭隘的思想阻碍对新事物的接受

1993年，美国国际地平研究学会（Flat Earth Research Society of America）拥有近1600名成员。该学会主席查尔斯·约翰逊（Charles K.Johnson）声称："自己是个彻彻底底的地球扁平论者。当我在中学第一次看到地球仪时，就不相信地球是圆的，至今依旧如此。"

这让我忆起一位住在缅因州的百岁老人。一个纽约的记者到此采访这位老人时，老人正坐在门廊前，记者说道："我笃信您这一生一定经历了很多起起落落的事。"老人回答道："是的，而且我反对所有的改变。"

14.传统制止变革

我喜欢这样一个笑话："更换灯泡需要几个人？""四个。一个人负责更换，其余三个人在那里想念旧灯泡的美好。"

这也让我想起了一位军队的军官，他曾经在密歇根军营照看过行政大楼前的草坪。现在他把这个任务分配给了下面的列兵，并告诉他每天5点必须按时给草坪浇水。列兵服从命令，认真执行。有一天电闪雷鸣，军官走进军营后，发现了正在做杂役的列兵。

"怎么回事？"军官大声地咆哮起来，"现在5点了，你应该去给草坪浇水了！"

"但是，长官，"列兵满脸踌躇地说，"您看，外面正下着倾盆大雨呢。"

"那又如何？"军官歇斯底里地吼着，"你不是有雨衣吗？！"

玉米田定律（Cornfield's Law）中指出，除非人们确信应该做某件事，而且很快能做完，不然谁也不会动手去做。

启动变革前的一览表

你打算在企业中发起变革前,要先审查以下这些问题。如果答案是肯定的,那么变革也会容易;反之,如果答案是否定或模棱两可的,那么变革将会困难重重。

肯定　否定

____ ____ 这项变革对员工有利吗?

____ ____ 变革和企业的目标相符吗?

____ ____ 变革够详细确切吗?

____ ____ 20%的公司上层人员支持变革吗?

____ ____ 彻底承诺实施变革前可以先进行一下测试吗?

____ ____ 物力、财力和人力能支持此变革吗?

____ ____ 此项变革有扭转的可能性吗?

____ ____ 下一步是否明确要进行此项变革?

____ ____ 变革是否能带来短期或长期效益?

____ ____ 领导是否能够发动这场变革?

____ ____ 变革的时机是否成熟?

很多时候,领导者都会遇到史努比漫画中的露西(Lucy)和查理·布朗辩论的场景。露西称:"我要改变这个世界。"查理·布朗问她:"你从哪儿开始呢?"她回答道:"就从你这里开始!"

最后一个问题——"变革的时机是否成熟?"——是进行变革时首要考虑的问题。领导者的成功关键在于适时把握变革时机。在

《胜利是一种态度》（*The Winning Attitude*）一书中，我曾用以下简短的模式探讨过这个问题。

> 在错误的时机作出错误的决策=失败
> 在正确的时机作出错误的决策=错误
> 在错误的时机作出正确的决策=失当
> 在正确的时机作出正确的决策=成功

一般人们会在这三种情况下做出改变：痛苦难耐时才会不得不改变；学到足够多的智慧，以至于想改变；接受了足够多的事物，以至于能改变。领导者必须要意识到员工何时处于以上三种情况中的哪个阶段。事实上，睿智的领导者都会创造相应的气氛，来促进这三种阶段的发展。

变革的发展进程

记住将变革视为以下两种含义,会对你有益:一种是彻底革命(即与之前有翻天覆地的不同),一种是渐进发展(即对过去循序渐进的改良)。比起那些较新的、完全不同的变革而言,第二种是一项简单的、已经被我们细化的变革,更容易实施。当企业提出一项变革或实施时,员工一般会有以下五种回应:

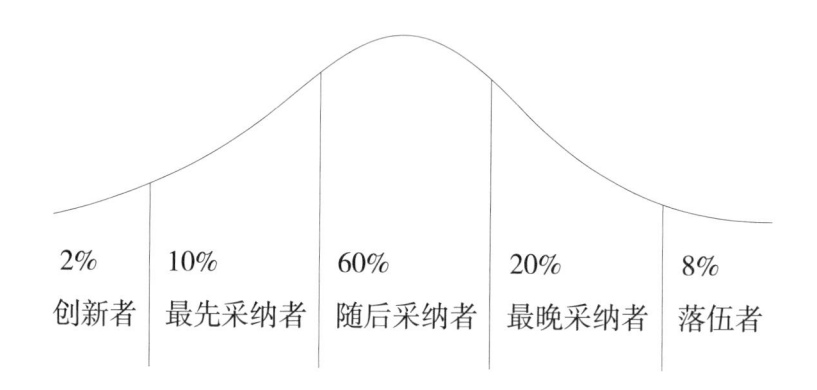

2%	10%	60%	20%	8%
创新者	最先采纳者	随后采纳者	最晚采纳者	落伍者

1.创新者即是梦想者

创新者只是一些新思想、新理念的发起者,一般不会被公认为是领导者或决策者。

2.最先采纳者都是别具慧眼之人

企业内部会普遍尊重最先采纳者的意见。虽然他们不是开创这些新理念、新思想的人,但他们会竭尽全力说服其他人去接受。

3.随后采纳者才是大多数

随后采纳者会对他人的提议作出反馈，并进行客观冷静的分析，但还是会倾向于保持现状。他们很易被企业内有感召力的人左右，无论是积极还是消极的影响。

4.最晚的采纳者总是最后才对新理念提出支持和赞同

最晚采纳者总是抵抗变革的提议，但在言辞上从不明言表示支持，只是随波逐流、被动支持而已。

5.落伍者一贯抵制变革

无论过去还是现在，落伍者是固有观念的始作俑者，总试图在企业内部制造分裂。

企业内部组织变革成功的过程可分为八个步骤，从理想变革的不为人知一步步地发展并形成深入人心的意愿和顺其自然的革新。

> 第一步：不为人知。员工还未感受到变革的统一性和优先性，对此一无所知，茫然不解。
>
> 第二步：传播信息。员工开始渐渐地获取信息，但还未接受。
>
> 第三步：灌输观念。现实中对革新理念的灌输必然会引起冷漠、偏见以及传统思想间的对峙。一般矛头会指向重点关注的问题上。
>
> 第四步：个人改变。最先采纳者发现变革的利益后开始支持和拥护它。个人的信服取代了对原有现状的自满自得。
>
> 第五步：企业变革。须提案讨论变革的两面性，即所提议的变革被越来越多的人接纳，反对势力日趋减少。
>
> 第六步：变革中的窘迫。变革的实施中必然会经历重

重挫折，当然也伴随着偶尔的喜悦。这是一个快速学习、进步的过程。

第七步：融合。挫折越来越少的同时变革也会被广泛地接受和认可。从中也会伴随着越来越多的成就感、理想的结果和最后的成功。

第八步：革新。具有深远意义的结果会让人在面对风险时满怀自信，也会让人更愿意快速大胆地进行下一轮的变革。

如第八步中所述，作为一个整体，企业更愿意完整地经历以上步骤，让大多数人不断接受新观念产生的影响，也让企业发生更显著的变化。

第一次接触：我反对这一观点，因为与我的预想观点有冲突。

第二次接触：是的，我能理解，但却无法接受。

第三次接触：我同意此观点，但对是否采纳它却持保留态度。

第四次接触：就此问题上，这个观点正合我意。

第五次接触：我今天实施了这个方案，非常棒！

第六次接触：昨天我将这个方案引荐给了别人。毫无偏颇地说，现在它已经镌刻在我心。

创造变革的氛围

人类行为学研究表明，在一般情况下，人们拒绝的不是改变，而是"被改变"。因此，本节着重介绍如何创造一个使他人情愿改变的氛围。除非人的思想被改变，否则无变革可言。本章开始时就已提出："改变领导者，就能改变企业。"那么我们首先从领导者开始讨论，再谈企业的发展策略。

领导者必须与人们建立信任

人们对领导者产生信任是件让人无法相信的事；领导者反过来相信人们更是件让人不可思议的事。但当这两者都成为现实时，互相间的信赖也会随之产生。人们对领导者的信任感越多，越愿意接受领导者所提议的变革措施。沃伦·本尼斯和伯特·纳努斯曾说过："信任是领导者和追随者间的情感黏合剂。"亚伯拉罕·林肯也曾说过："如果你想将某人纳入你的旗下，首先就要让他信服你是他值得信赖的朋友。接着再仔细探究希望实现的目标。"

对于那些期望在企业内发起变革的领导者而言，我首先想问的第一个问题是："你和员工间的关系融洽吗？"如果是，那么你就可以准备进入下一步了。

要求他人改变前，先从自身做起

很多领导者和我这位朋友的做法如出一辙。以下是她所列出的新年计划：待人友好、营养膳食、甘愿为友谊付出、少吃甜食和含脂肪食品、对人宽厚。

这份计划清单中的"宏伟"目标的确让我印象深刻，"可是，你认为自己能够逐一实现它们吗？"我问她。

"为什么是我？"她回答道，"这可是特意为你们准备的！"

安德鲁·卡内基（Andrew Carnegie）说过："随着年龄的增长，我更关注人们的所为，而非所言。"优秀的领导者一定会带头从自身做起，而不只是一味地纸上谈兵。

优秀的领导者对企业了如指掌

如果企业长时间一成不变，那么变革时则要注入更多的努力；同样，如果变革实施后的结果是消极负面的，那么员工对于以后的变革也会将信将疑。反之亦然。只有一次成功的变革才能让员工信心倍增地欣然接受下一轮的变革。

G.K.切斯特顿（G.K.Chesterton）说："在你明白栅栏竖立起的原因之前，先不要拆除它。"所以，在进行未来的变革之前，熟知历史是非常重要的基础。

在领导的位置上发挥应有的影响力

领导者都具有两个特质：第一，他们一定要实现某个目标；第二，他们能够说服别人一起实现这个目标。就如一些企业的总裁，开会时总是姗姗来迟，匆忙地坐在离门口最近而不是自己平时惯坐的位置上。而他的一位年轻助手提醒道："先生，请您坐在总裁的位置上。"总裁对自己在公司的位置心知肚明，随后便语重心长地说："无论坐在哪里，我的座位都是总裁的位置。"

查查看"你口袋里的零用钱"

在与他人建立人际关系之初，每个领导者都被给予了定额的"零用钱"（即感情上的支持）。如果这种关系变弱，那么领导者则会丢弃这些"零用钱"，直到他与企业破裂；如果这种关系坚固，那么领导者则会持有这些"零用钱"，直至与企业一同变得富有。请记住：变革也是需要"零用钱"的。领导者口袋中的"零用钱"越多，员工的生活改善就越多。反之亦然。

明智的领导者在变革公之于众前就会设法寻求有影响力者的支持

以下这10项是每个领导者在变革开启前，设法寻求主要影响者的支持时，所要遵从的。

（1）列出企业中主要影响者的名单。

（2）多少人会因此次变革而受到直接影响（这些人是最重要的群体）？

（3）多少人会因此受到间接影响？

（4）有多少人对变革持肯定态度？

（5）有多少人对变革持反对意见？

（6）哪一类意见占多数？

（7）哪些人更具有影响力？

（8）如果支持的人占多数，那么就把有影响力的人员聚集到一起来讨论。

（9）如果反对的人占多数，那么就与这些有影响力的人员单独见面。

（10）熟知每个有影响力人员的"关键信息"。

制定一个促进变革的会议议程

每个新理念的实施都要经历三个阶段：徒劳无益，成本过高，自始至终都相信这是个不错的想法。

睿智的领导者都清楚地知道，改变需要一个过程，须要制定出相应的会议议程来不断巩固。以下这一议程我已用了15年，非常有效。

信息条目：参会者感兴趣的话题，能鼓舞士气的有建设性的话题（使会议的起点提高）。

探讨项目：要进行探讨，但暂且不必投票表决（思想共享的同时没有表明个人观点后的压力）。

执行项目：对之前已探讨过的问题，进行投票表决（允许对整个过程进行讨论。如需较大的改动，则要把此事宜列入探讨项目中，并给予足够的时间考虑是否接受）。

鼓励有影响力者能潜移默化地影响他人

企业中的大型变革不应使员工手忙脚乱，不知所措。只有领导者的以身作则和点滴渗透，才能使员工在改革浪潮中镇定自若。

每年我都会对公司的重要人物解释说，他们手中总会提着两个圆桶，一桶汽油、一桶水。无论任何时候，只要企业内部有人因害怕变革危及自己时而引起争论，那些有影响力的人都会最先知道。当他们赶到现场时，要么"火上浇油"，让情况越来越糟；要么"泼水救火"，让问题慢慢化解。换句话说，企业里那些有影响力者或者是领导者的财富，或者是他们的累赘。

但是领导者的言传身教应是有计划的、积极的，能让员工沉着冷静地面对真正的变革。

向员工展现变革所带来的利益

如果已提议的变革是为员工谋利益，而不是为领导者一己之私，那么必须将员工放在首位。

一个公交车站的门上粘贴着这样一个标示："为他人的方便，请随手关门。"但是门还是一直开着的，直到这个标示改为："为您个人的方便，请随手关门。"这才奏效。同样，领导者也总是站在企业的角度考虑问题，而忽视了员工立场上的利益。

让员工拥有变革的主动权

领导者公开透明的做事风格能为员工的主动性铺平道路。没有员工的主动性，改革就不会长久下去。改变员工的习惯和思维模式就像是在暴风雪的天气里写交通提示一样困难。每过20分钟，交通提示都要重写一遍，除非这个提示能自己改变，否则不要人为地改动它。

如何给员工提供变革的自主权

（1）将变革的消息提前告知员工，以便他们有足够的时间思考变革的含义及其所带来的影响。

（2）翔实地解释改革的目的——改革的缘由及实施的时间。

（3）将变革所带来的利益展示给员工。对待因改革而被淘汰的员工要坦诚，并尽早地提醒他们，或帮助他们找到新的工作。

（4）要求那些被改革所影响的员工参与到变革的整个过程中。

（5）保持沟通渠道的畅通。为员工提供讨论、探讨的平台，并鼓励提出问题、评论和其他反馈意见。

（6）变革实施过程中，不但要灵活多变，具有较强的适应能力，而且还要勇于承担错误，随机应变。

（7）作为领导者在不断表明对改革的信念和承诺的同时，还要展示实施变革的信心和能力。

（8）对实施变革的人员给予热情、协助、欣赏和认同。

变革会随即发生

我们面对的问题不在于"我们要改变吗?",而在于"我们何时改变,能改变多少?"。没有什么事是一成不变的,除非变革从未停歇。据说,亚当和夏娃被逐出伊甸园时,亚当对夏娃说:"亲爱的,我们现在面临转折点了。"

NCR公司(全球领先的技术公司之一)的首席执行官查尔斯·埃克斯利(Charles Exley)说过:"我已从商36年,虽学到了很多道理,但大多数现已学而无用。"

作家林肯·巴尼特(Lincoln Barnett)曾在普林斯顿高等学术研究所与一群听完物理讲座的学生分享心得时,有学生问他:"您对讲座有什么看法?"巴尼特回答说:"非常棒!我们上周所学的都不对!"

对领导者而言,时刻跟随变化的潮流并与企业紧密相连是一项长远的挑战。理查德·考德威尔(Richard Caldwell)在他的一篇文章中概述了领导者要知晓的信息,并将20世纪50年代和90年代的一些价值观做了如下对比。

20世纪50年代	20世纪90年代
储蓄	消费
延迟满足	即时满足
《奥齐和哈里特的冒险》	《钥匙儿童》
确信无疑	举棋不定

正统观念	怀疑主义
投资过度	杠杆平衡
传统的社区街坊	新颖的生活方式
中产阶级	底层阶级
出口	进口
公众价值观	个人福利
父母亲	保姆和日托
新闻发布会	媒体宣传
成就	声誉
知识学问	信誉凭证
制造行业	服务行业
责任	离婚
"我们"	"我"

并非所有的变革都能带来进步，但没有变革定会踌躇不前

$$变革=成长$$
$$或$$
$$变革=悲痛$$

成长等同于变革。

变革意味着潜存的机会和损失。以我的观察，当以下情况发生时，变革就会成为一件不幸之事。

- 提议的变革本无道理。
- 提议的变革不被有影响力者所接受。
- 提议的变革并未有效地呈现。
- 提议的变革只是满足领导的一己之私。
- 提议的变革只着眼于过去，没有远见。
- 提议的变革过于频繁。

20世纪50年代，《财富》（Fortune）杂志曾采访过11位美国著名人士，让他们预料30年后的生活会有怎样的变化。那时，美国的贸易顺差已达30亿美元，因此谁也不会想到30年后出现贸易逆差。美国广播唱片公司（RCA）董事长戴维·萨尔诺夫（David Sarnoff）相信，20世纪80年代的轮船、飞机、蒸汽机车和个人汽车都可用原子能来发动，家里甚至都会有原子能电器，千里之外的邮件也可以用导弹来传送。《时代》（Time）杂志的主编亨利·卢斯（Henry R.Luce）预测，到20世纪80年代，贫穷就会彻底消失。数学家约翰·冯·诺依曼（John von Neumann）则预料，30年后的能源可以免费使用。

只要改变，永不嫌晚

马克斯·德普雷（Max Depree）曾说过："值得注意的是，我们总是到最后才恍然大悟，我们不可能通过墨守成规来实现变革。"事实上，我们一直在随着变化而变化。

当你听到阿尔弗雷德·诺贝尔（Alfred Nobel）这个名字时，你会想到什么？脑海中呈现的一定是诺贝尔奖吧。然而，这只是他人生中的一段旅程罢了。阿尔弗雷德·诺贝尔是瑞典化学家，通过发明应用于战争中的炸药而拥有财富。他的一个兄弟死后，报刊错登了诺贝尔的讣闻,并附有评论——"一个因促使人类自相残杀而变得富有的人"。诺贝尔对此评论颇感震惊,从那以后便决定用他的财富来奖励那些为人类福利作出贡献和取得成就的人。诺贝尔最终在自己生命终结之时才有那难得的机会来评价自己的人生,且在有生之年更改了那家报刊的评论。

喜剧演员杰瑞·刘易斯(Jerry Lewis)说,他收到的最好的结婚礼物就是记录下他婚礼全过程的影片。每当他的婚姻生活出现矛盾和问题时,他就会走进房间,关上门,跟着影片一起回味结婚伊始的点点滴滴,出门时便是如释重负的心情。

我认为你可能不会反复去看结婚时的纪录片,更不会从报纸上读到自己错误的讣闻。但是,你今天可以自己做出一些改变。如果这些改变能为你带来积极的影响,你就会在回首过去中收获成长。

第五章
获得领导力的捷径：解决问题

根据费迪南德·佛尼斯（F.F.Fournies）在《绩效教练：获得最佳绩效的教练方法与模型》（*Coaching for Improved Work Performance*）一书中所述，在一般情况下，人们的工作业绩不够出类拔萃的原因有如下四种：

（1）他们不知道该做什么。
（2）他们不知道应该怎么做。
（3）他们不知道为什么要做。
（4）他们的工作中总有困难阻碍他们。

人们无法在工作中发挥潜能的这四个原因，归结起来都是领导者的责任所在。其中，前三点针对的是如何正确开始工作的问题，只有对岗位培训、职位描述、良好的工具、愿景和熟练的沟通技能进行不断完善，才能有效地解决。

这一章我们将重点探讨导致人们无法在工作中突出表现的原因。无论是在生活还是在工作中，我们总会遇到层出不穷的问题。人们都不喜欢问题和困难，因此易生厌倦，避而不谈。如果你愿意并能解决这些问题或教他们如何应对，那么领导力的控制权就会自然而然地掌控在你手中。因为问题无处不在，所以你解决问题的能力才会显得尤为重要。请看看以下图表，当出现问题时，人们一般会向哪些人寻求帮助。

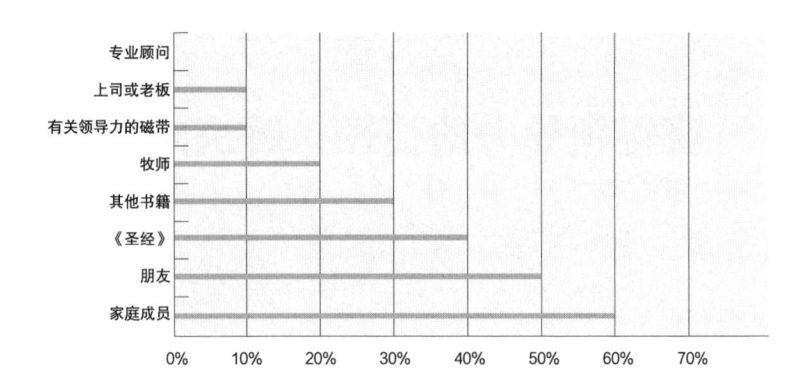

专业顾问							
上司或老板							
有关领导力的磁带							
牧师							
其他书籍							
《圣经》							
朋友							
家庭成员							
0%	10%	20%	30%	40%	50%	60%	70%

本章将主要讨论并有效解决问题的两个方面：正确的态度和正确的实施方案。

在展开讨论前，我想先分享一些我对于此问题的个人见解。

我们都会遇到困难

有时我们面对问题时束手无策，就好像我的朋友乔（Joe）。在出门上班前接连有四个长途电话打来，每个电话都似乎带来麻烦事，而且都想让乔当天坐飞机去他们那儿帮忙解决困难。最后无奈之下，他告诉妻子不用准备他的早餐了。乔夺门而出到车库，却发现汽车发动不了，只好叫了辆出租车，其间又接到一通求助电话。出租车来后，乔挤进后座，对着司机喊道："行了，快开车吧。"司机问他："您去哪儿？"几近崩溃的乔说："无论去哪儿，我都会遇到一堆麻烦和困难。"

有时候我们会认为我们这代人比上代人遇到的困难更多。但在我读完德怀特（Dwight Bohmbach）的著作《美国的正确道路》（*What's Right with America*）后，便觉得这想法略有荒谬。书中这样写道：

我们的先辈经历了1929年那场让他们家破人亡的股市崩溃灾难，在大萧条中艰难生存；老兵们被军队驱散后，参加了"酬恤金进军事件"；还有推行新政、珍珠港事件及占领菲律宾的那些岁月；20世纪40年代时不分昼夜地制造国防设施车间；欧洲和太平洋战场；二战时，盟国在西欧登陆日；坦克大决战；二战中欧洲盟国胜利日；信心满满地将联合国总部设立在美国的早期岁月；原子弹爆发的时刻；日本无条件投降之日；马歇尔计划；柏林空投；朝鲜战争；美苏U-2飞机事件；猪湾入侵事件；古巴导弹事件；肯尼迪遇刺；马丁·路德·金演讲；民权斗争；越南战争；美国宇航员登月；水门事件，总统和副总统引咎辞职；能源危机；三里岛核事故；伊朗人质事件；1981年又有一位总统遇刺；美国驻黎巴嫩大使馆被炸，上百名在黎巴嫩的海军被杀；美国成为历史上预算赤字最高的债务国。这就是我们的一生！

我们应该将保罗·哈维（Paul Harvey）的这句话牢记于心，要铭记历史所经历的这每一个时刻，因为它对我们意义非凡。

困难赋予生命另一层含义

一位智者曾这样评论：空气是唯一阻碍雄鹰飞得更高、更快的因素。如果空气被抽空，骄傲的雄鹰在真空中飞翔的话，那么它马上就会跌落于地，再也不能飞翔。阻挡飞翔的真正因素也正是飞翔的必要条件。

同样，汽艇要克服的最大障碍是逆螺旋桨而行的水，但是没有了这个阻力，汽艇一样步履维艰。

困难和阻碍是成功的必备条件，这一道理在日常生活中也适用。缺少了困难和阻碍的生活就丧失了所有的可能性和动力，同时也失去了创造性的张力。多数人的无知为教育赋予意义，疾病为医疗赋予意义，社会的混乱秩序也为政府赋予了更多的含义。

美国南部盛产棉花，但因棉子象鼻虫从墨西哥飞来肆虐啃啮，使得棉花减产，农民被迫开始种植其他谷物，如大豆、花生等，而且还喂养了奶牛、猪和鸡，结果他们比单种棉花时要兴旺发达得多。

亚拉巴马州的人们因为那些象鼻虫给他们带来的收益心存感激，为它们修建了一座纪念碑，并刻此碑铭：对象鼻虫赐给他们的繁荣富强致以最诚挚的感激。

我们在生活中总想摆脱所有的困难和责任。当这种念头攀升时，不妨想想这位老人的话。一个年轻人问老人："什么才是生命所承受的重量？"老人惆怅地回答道："是你没有任何沉重的负担。"

杰出的人在困难面前从不退缩

"圣经中的很多诗篇都诞生于苦难之中，其中大多数的使徒书信就是在监狱中著成。很多大师的不朽思想在历经磨难后才得以铸成。约翰·班扬（John Bunyan）在狱中写出了《天路历程》（*The Pilgrim's Progress*）；弗洛伦斯·南丁格尔（Florence Nightingale）在病情无法挽救之时于英国重建了多家医院。在半瘫痪和中风的长期折磨下，路易斯·巴斯德（Louis Pasteur）依旧孜孜不倦地进行研究工作。美国历史学家弗朗西斯·帕克曼（Francis Parkman）大半生都在遭受病痛的折磨。他的视力非常弱，每次在手稿上写下几个字就必须休息，但他还是坚持不懈地写出了20卷历史巨著。"

福吉谷（Valley Forge）的冰雪并未埋藏乔治·华盛顿（George Washington）的千秋大业。不幸的贫苦家庭锻造了亚伯拉罕·林肯的毅力。天生的小儿麻痹症成就了富兰克林·罗斯福（Franklin D.Roosevelt）的壮志雄心。因重度烧伤而无法站立行走的格伦·坎宁安（Glenn Cunningham）却在1934年打破了一英里的世界纪录。就算是生在充满种族歧视的社会中，照样会造就出布克·华盛顿（Booker T.Washington）、玛丽安·安德森（Marian Anderson）、乔治·华盛顿·卡弗（George Washington Carver）和马丁·路德·金这些卓越人士……而物理学家阿尔伯特·爱因斯坦（Albert Einstein）最初也被人认为行动迟缓、才疏学浅、胸无点墨。

多莉·帕顿（Dolly Parton）对这些杰出之人的总结是："不经历风雨，怎能见彩虹。"

问题并不在于"我"

遇到问题的人和制造问题的人之间有着极其大的差别。多年里，我每周都要做20～30小时的咨询服务工作。很快，我发现那些来找我咨询的人并未遭遇很大的麻烦，只是很易陷入苦恼中，对困难和麻烦的事过于紧张。开始时我想竭尽所能排解他们的苦闷，但他们总有新的问题不断出现。就像史努比漫画里的查理·布朗一样，在圣诞节里没有一丝节日的情绪。最后，莱纳斯对他说："查理·布朗，你是我碰到的唯一一个将圣诞节这样美妙的节日过得如此糟糕的人。"

莱纳斯，我有些事要告诉你，其实有很多人都跟查理·布朗一样。他们其实并没有碰到他们自己所臆想的那些"问题"，主要症结在于他们对待问题的态度或做法是错误的，导致原本无足轻重的"问题"变成了真正的难题。因此，最关键的并不是你会碰到怎样的问题，而是你该如何看待和应对这些难题。

一项关于300多位知名人士（如富兰克林·罗斯福、海伦·凯勒、温斯顿·丘吉尔、阿尔伯特·史怀哲、甘地、阿尔伯特·爱因斯坦等）的调查显示，他们中有1/4的人身有残障，如失明、失聪、肢体瘫痪等，3/4的人不是出身贫穷、家庭破裂，就是来自混乱不安的家庭环境中。

为什么他们能克服困难，终获成就，而大多数人却反过来被困难挫折压倒呢？伟大的人从不会把这些困难和挫折当作失败的借口，而是将脚下的绊脚石变成不断前进的铺路石，当成不断进步的阶梯。他们清楚地知道，生活的环境无法选择，但可以选择自己对待环境的态度。

我曾看过一个有关唱诗班的故事。他们为了筹集参加音乐比赛的经费，决定去洗车挣钱。然而，忙碌了一早晨后，下起了倾盆大雨，没有一位顾客光临，让他们倍感沮丧。最后，其中一位妇女突发奇想地打印出了这样的海报："我们洗车！"并用向上的箭头指着另一句："老天爷冲洗！"

最近《洛杉矶时报》（*Los Angeles Times*）发表评论说："如果遇到任何困难你都能微笑面对的话，那么你不是个傻瓜就是个修理工。"我想再加上一句：或者是正在成长中的领导者——一个意识到唯一的问题是因自己处理不当而导致问题重重的人。虽然问题会暂时阻挡你前进的去路，但你却是唯一一个能永远挡住这条道路的人。

问题能使我大有作为

我的朋友和导师，弗雷德·史密斯教给我这样一个真理：如果面对眼前的困难无从下手的话，那便不是我的问题，而是生活本该有的真实模样。

1925年，柏马剃须膏（Burma Shave）正在为路牌上的广告是否有效而忧心忡忡，因为汽车这种高速度交通工具的诞生，使车上的人没有足够的时间看清他们产品的广告牌。所以，该公司在路边设立了一系列的小广告牌，以便车上的人能清晰地看到广告，这种别具一格的广告形式使公司成就了一个46年经久不衰的家庭日用品牌。

就连在俄亥俄州长大的我也很喜欢柏马剃须膏的广告，如以下这段广告词：

> 一个诱人的桃儿，
> 上面沾满了绒毛……
> 但男人并不是桃儿……
> 永远都不会是。

一个变化飞速的时代造就了柏马剃须膏公司的广告创意。如果问题找不到答案，那就没有问题了——这就是生活中的一个事实。但请注意，不要想当然地以为"问题没有答案"，很可能别人会想到完美的解决方案。

在问题还未变棘手前及早发现是领导者的素养之一

拥有卓越领导力的领导者很少会让问题扩大，因为在问题的萌芽期，他们就会提早意识到并予以制止。以下便是他们通常认识问题的过程：

（1）在问题出现前他们就能感知到。（直觉）
（2）开始查寻并提出问题所在。（好奇）
（3）收集并整理资料。（处理）
（4）只与几个信任的同事交流看法和感受。（沟通）
（5）明确问题。（记录）
（6）检查他们的资源。（评估）

（7）作出最后决定。（领导）

优秀的领导者很少会在问题出现前便去着手解决问题。他们明白最难应对的便是那些被自己忽视的问题。因此，他们总会想方设法地在问题暴露之前找到一些蛛丝马迹，帮助他们运用自己的过人之处解决问题。他们对待问题就像对付印第安农场上的潜在入侵者一样，在农场栅栏上标示出："如果可以的话，请最好在9.8秒内越过这片农田。因为一头公牛穿过它只需要10秒。"

通过问题的大小衡量领导者的能力

如之前我们提到过的史努比漫画，其作者查理·布朗曾说："没有什么问题我解决不了。"这很像驯狮员在报纸上登出的这样一则广告："驯狮员需要被驯服的狮子。"

根据我的观察，我发现解决问题的能力大小比问题严重与否更重要。换句话说，问题的大小完全取决于个人的能力。

> 解决问题的能力比问题严重与否更重要。

最近，我和一位叫艾玛的女士聊天时才得知，她两年前诊断出患有癌症并切除了乳房，现在恢复得很好。虽然她与我分享了一些对于同样遭受不幸且恢复不佳的人的关切之情，但我觉得艾玛和其他人不一样，从得知病情开始她就以积极乐观的心态面对，所以我相信她会痊愈。作为领导者，就要将培养和塑造人放在核心地位，因为拥有良好心态的人能有效应对各种问题。

快速解决工作上的问题，慢慢梳理人际关系

解决问题可能是每日的工作日程，但不该花费更多的时间在这之上。如果我们将所有精力都集中于此的话，就如那个农夫所说："挤牛奶的工作不仅辛苦，而且奶牛不会很听话地让你挤出奶来。"困难永远都会源源不断，我们唯一能做的就是想尽一切办法制止它，以下是我的建议：

（1）对人们要有时间承诺。那些从来不肯花时间培养员工的领导者，不得不耗费更多的时间来解决问题。

（2）不要替他人解决问题，而要和他人一同解决问题。通过识别问题的先后次序来花时间将每个问题和他人一起全面地研究解决。

应该尽可能地在最底层上解决问题。艾森豪威尔总统曾在肯尼迪总统就职典礼前给过他一句忠告："你会发现，身为美国总统，所要面临的问题都非易事。如果很多事能轻易处之，那么早就有其他人解决了。"这句话对于很多领导者都是远见卓识，而且地位越高，要作出的决策就会越少、越重要。因此，解决问题的能力一定要锐化。约翰·亨特（John E.Hunter）说过："只有缺乏足够的资源时，才会导致问题的不断蔓延。"本章剩下的内容将重点介绍领导者有效解决问题所必备的资源或条件。

正确的态度

对于潜在的领导者而言，态度非常重要，我将在下一章中完整地讲述这一问题。现在，先作简单的要论。诺曼·文森特·皮尔（Norman Vincent Peale）认为，积极地思考是你如何看待一个问题；热忱是你对一个问题的感受。这两者的结合，决定你处理一个问题的态度。如果我能帮助人们的话，我要帮助他们改变看待问题的角度，而不是改变问题本身。积极的思考并不能总是如愿以偿地改变我们的处境，但它能改变我们自己。当我们能对困境有正确的认识时，我们的生命旅程也会变得越来越顺利。

要改变的不是问题本身，而是看待问题的角度。

塔吉特（G.W.Target）在他的散文《窗口》（*The Windows*）中，讲到被关在同一医院病房中的两个病人的故事。这两个人都病得很严重，且生活中没有电视、收音机、书籍等这些可以帮助缓解和转移注意力的东西，但就是这样单一的生活让他们结下了深厚的友谊，不仅畅聊彼此的兴趣爱好、生活工作中的经历，甚至连家庭、度假中的很多琐事都成了他们的话题。

两个人平时都不能下床走动，只有在治疗期间，每天可以下床活动一小时。幸好其中一个人的床位靠近窗户，这样他可利用这一小时的时间把窗外美丽的公园、湖畔和看到的来往人群讲述给另一个病友听，让他感受到外面美好的世界，也让这短暂而丰富多彩的一小时成了支撑他生命的唯一期望。

日子一天天过去，这样引人入胜的描述让那位听者慢慢地心生不满。"为什么他能看到一切，而我却什么也看不到，只能用耳朵听，太不公平了！"他为自己有这样的想法而羞愧，但随着时间的流逝，这个想法仍在他脑海中挥之不去。最后，他在病情因此而加剧的同时心中萌生出这样的计划。

一天晚上，靠窗的那个朋友呼吸不畅，透不过气，还不停地咳嗽，没有力气去按警铃，呼叫护士。这时，病友却只是看着天花板，躺在床上，翻来覆去，始终没有援手相助。

第二天早晨，当护士赶来时，发现这个靠窗的病人已离开人世。

一段时间过后，急于想看窗外风景的这位病友提出换床位的要求得到了批准。当病房中没有其他人时，他用胳膊肘撑着身体，怀揣着对美丽景色的向往朝窗外望去。

然而，他却没有想到，窗外只是一面墙而已，空空如也。

正确的行动计划

如果说我们只遇到一个简单的问题，但却有一大把解决问题的答案，这种情况可能发生吗？有时我们就像卡通漫画里的人物一样，"尝试着希望一次能解决一天的问题，但最后总是有好几天的问题一起向我袭来。"可是，生活就是这样，从来都不是一帆风顺的！

据悉，在研制"阿波罗号"系列宇宙飞船时，科学家和工程师之间一直意见不合。科学家坚持所有的科学仪器设备应该保存下来，以便用于太空研究和探索，并希望工程师能设计出零缺陷的宇宙飞船（"零缺陷"在那个年代是很流行的工业用语）。这意味着这些科学设备和仪器需占用很大的空间。

而工程师们却认为这是完全不可能实现的，并声称"设计过程中考虑到偏差，才算是有把握的合理的设计"。但他们也无法预测会出现哪些故障。因此，他们须要为可能出现的问题和故障建立一系列的备用系统，以弥补可能带来的损失。这样，用于科学设备的空间就大幅度地减小了。

最后，此争执在宇航员的意见下得以解决。他们都支持工程师的说法，并认为任何事都不可能天衣无缝，备用系统是必需的。这个故事表明未雨绸缪非常重要。在很多时候，当问题出现时，我们总想着责备他人，推脱责任。最近，针对这一问题，我引用了以下图表。

解决问题流程图（大卫·B.迈克金尼斯制作）

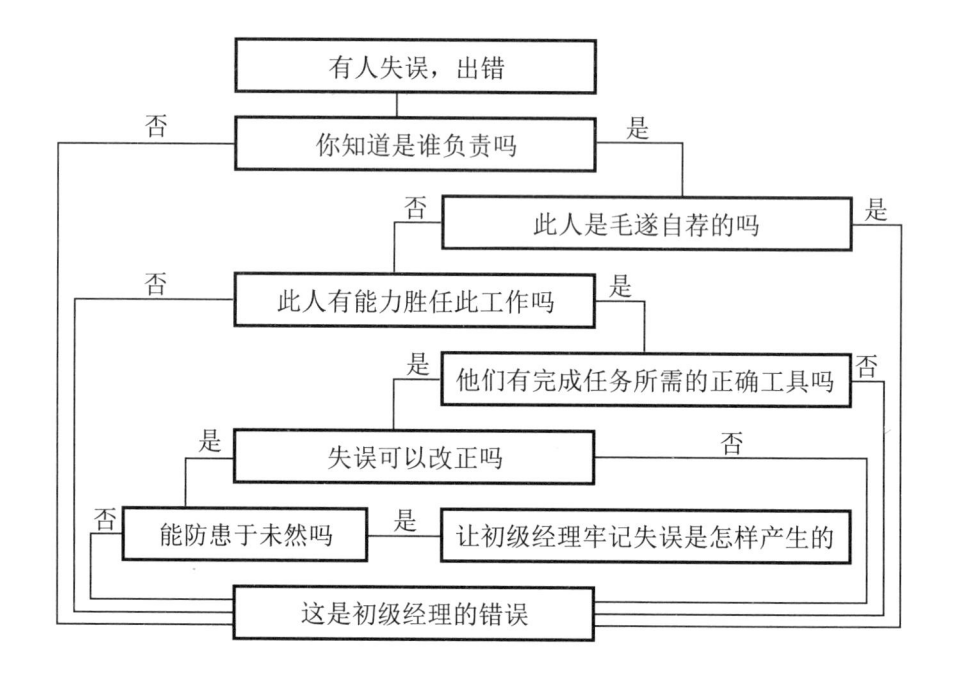

```
                    ┌─────────────────┐
                    │  有人失误，出错  │
                    └─────────────────┘
                否  ┌─────────────────┐  是
         ┌─────────│ 你知道是谁负责吗 │─────────┐
         │         └─────────────────┘         │
         │              否 ┌──────────────────┐ 是
         │       ┌────────│ 此人是毛遂自荐的吗│────┐
         │       │        └──────────────────┘    │
      否 │       │ ┌──────────────────┐ 是        │
      ┌──│───────│─│此人有能力胜任此工作吗│        │
      │  │       │ └──────────────────┘          │
      │  │       │      是 ┌──────────────────────┐ 否
      │  │       │ ┌─────│他们有完成任务所需的正确工具吗│──┐
      │  │       │ │     └──────────────────────┘      │
      │  │     是 │ │ ┌──────────────┐                  │
      │  │    ┌──│─│─│ 失误可以改正吗│─┐ 否             │
      │  │    │  │ │ └──────────────┘  │                │
      │  │ 否 │  │ │ ┌──────────┐ 是 ┌──────────────────────┐
      │  │ ┌──│──│─│─│能防患于未然吗│──│让初级经理牢记失误是怎样产生的│
      │  │ │  │  │ │ └──────────┘    └──────────────────────┘
      │  │ │  │  │ │ ┌──────────────────┐
      └──┴─┴──┴──┴─┴─│ 这是初级经理的错误│
                    └──────────────────┘
```

解决问题的过程

现在,尽管我们不想逃避责任,也有正确的态度和可靠的实施计划,但我还是建议遵照以下解决问题的步骤。

明确问题

在大多数时候,我们只接触到的是事情的表象,而非本质起因。命令你的员工不到下班时间不得离开办公室只是权宜之策,解决不了根源的问题——"为什么员工要早退?"领导者的任务就是要透过现象看本质,明确问题的症结所在。不然你就会与学习跳伞的年轻士兵处于同样的境地。以下是士兵接收到的提示:

(1)听到命令时就跳;
(2)从一数到十后,打开开伞索;
(3)如果开伞索无法打开,就打开备用降落伞;
(4)落地后,会有卡车接你回基地。

飞机到适合的高度,士兵便开始一个接一个地依次跳出去。当轮到这个士兵时,他在心里默念到十,拉开开伞索,伞却没有成功打开。这时,他马上想到了使用备用伞,但结果依旧如此。"我以为,等我落地时,卡车不会在那里等我。"他抱怨自己道。

理清问题的先后顺序

理查德·史罗马（Richard Sloma）说过，永远不要试图将问题堆积到一起去解决，最好将它们一个个有条不紊地整理出来。这样，不管是面临3个、30个还是300个问题，"只要逐个地列到一张清单上，就能一次性面对并解决"。着手处理这些问题时，不要抱有很快就能找到答案的想法，而是要努力去掌握事实情况和信息。也许你会对自己找寻的结果失望，这时，不妨尝试改变一下思维方法和角度，但切记不要自欺欺人。你的发现有可能不是真正的问题所在。

阐明问题

用一句简单的话回答这个问题："问题是什么？"鲍勃·比尔激励我们永远不要忘记解决问题和作出决策之间的差异。"决策是你在两个或多个选择中作出的，如'我是要去菲尼克斯还是芝加哥呢？'而问题则是与你的目的意向背道而驰的一种情况。比如，'我打算去芝加哥，可最后却去了底特律'，或'我希望银行账户上有5万美元存款，但事实上却是5万美元的亏空'。"

简单地阐明问题可分为以下四个步骤：

1.提出正确的问题

如果你的想法含糊不清，就不要提出像"这里发生了什么事"这样粗略的问题，更不要妄加评论。反之，而是要提出一些与细节过程相扣的问题。因此，这两个词总会决定我们提出怎样的问题：

趋势和时机。如果详细的问题都涉及这两方面的话,那么我们就能找到一些蛛丝马迹。

2.与合适的人探讨

要警惕那些握有权力、狂妄自大的人,这些人往往是思维盲目、陈旧迂腐、抵制革新的。殊不知创造力才是解决问题的关键。我在领导力研讨班上,经常会用"九点图"的例子加以引证。

要求:用4条直线将以下9个点连接起来。

. . .
. . .
. . .

如果你之前从未遇到过这个问题,那么来试试看吧。如果你的答案和思维受到定向局限,那么就会陷入困境。你认为所有直线都不应该超出9个点形成的虚构正方形区域吗?打破这个思维定式,你就会很容易地解答这个难题。

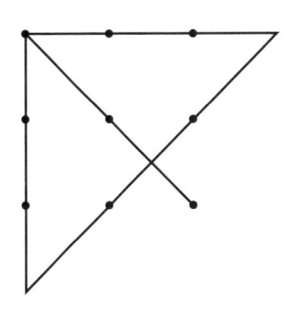

这种创造性的解决方案非常普遍。相对而言,如果打破思维定式,我们还会发现意想不到的答案。天文学家汤姆·伍杰(Tom Wujec)认为,人们的思维定式是所有直线必须穿过每个点的中心。

但是如果摆脱这样的思维，所画的直线只是碰到这9个点，那么仅画3条线就能解决。

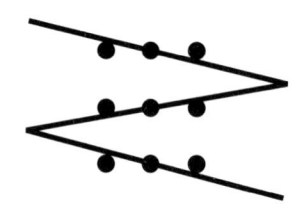

思维定式：直线必须很细。如果用粗一些的线连接的话，仅需一条线就能解决。

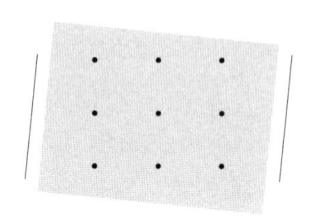

思维定式：不能把纸折起来。如果沿着下图中的虚线把纸折叠两次，那么所有的点都会叠在一起，只需画一条较粗的线即可。

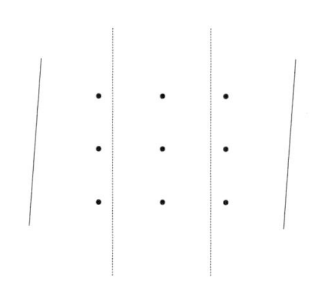

思维定式：纸张必须平展。如果把纸卷成管状，那么一条螺旋形的线就可能把9个点连接起来。

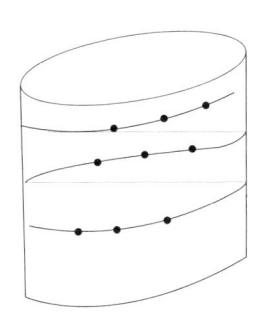

思维定式：不能把纸撕开。如果将纸撕成9片，每一片上都有一个点，再用铅笔穿过所有点的中心，就能将9个点连接起来。

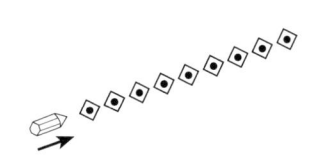

"九点图"的这些经典解决方案都很有效地传达了这样一个信息：只要我们打破常规模式，运用创造性思维，就能找到更多方法解决不同类型的难题。

3.掌握确凿的事实依据

记起彼得·德鲁克说过这样一句话："只要事实清晰，决策马上就会呈现在你的脑海中。"比如，不要让他人告诉你："那人是个好工人。"不要只听他人的一面之词，要自己去找寻和搜集这个人在工作中如何表现的具体资料。

4.参与到全过程中

很多问题并非表面看起来的那样。不要只提正确的问题、单纯地掌握确凿的事实就罢了,还要亲自去做相关人员所做的事,去看问题出自何处,这样才能参与到解决问题的过程中。而且要在最低层上解决问题,因为那里才是问题初露矛头的地方,也是最能清楚界定它的阶段。

解决问题过程中挑选适当的助手

苏格拉底(Socrates)在2400年前就发明了这个办法:明确手中待解决的问题以后,召集周围的人,询问他们的意见以及支持他们观点的理论依据。苏格拉底自认是个不谙世故的人,总是给自鸣得意、保守陈旧的雅典人制造麻烦。他通过辩论、"劝诱"和不断敦促的方式迫使雅典人质疑他们一直以来所信奉的传统信仰。

最后,他还是惹祸上身。雅典人以"对神不敬、腐蚀年轻人心灵"的罪名对他提出控诉。随后,他被关进监狱,严刑审问后,被判死刑。一个月后,在拒绝朋友帮他逃跑的请求后,苏格拉底便服下一杯毒芹酒而亡。

没有人要求你要像苏格拉底那样极端,但他的办法会助你成为一名杰出的领导者。

在邀请他人参加解决问题的会议之前,要先提出以下问题:

- 问题确实存在吗?
- 问题急迫吗?
- 已认识到问题的真正本质了吗?
- 问题确切详细吗?(如果与会者谈及各个方面,那么意味着他们最终徒劳无功。）

　　·最有能力探讨此问题的组员邀请到了吗，每一位与会者都关心此事宜吗？

整理问题的起因

通过提问，列出导致此问题出现的所有起因，以及将来如何杜绝此问题的再度发生。

收集解决方案

尽可能多地列出问题的解决方案，越多越好。很少会出现只有一个解决办法的情况。因为问题是在不断变化的，所以必须要有可供选择的备用方案。领导者如果没有备用方案，那么肯定会陷入困境。

筛选"最佳"方案，并优先排序

作出决策前，要对所有的解决方案仔细衡量和推敲。以下问题是领导者应该考虑在内的：

　　·哪个方案最有潜力成为正确的解决方案？
　　·哪个方案对组织最有利？
　　·哪个方案最有动力和正确的时机？
　　·哪个方案成功的比率最大？

实施最佳解决方案

世界上第一家电脑游戏机公司——雅达利（Atari）的创始人诺兰·布什内尔（Norman Bushnell）曾说："每个人在洗澡时都能激发出灵感。唯独那些洗澡后，擦干全身，照着自己想法去做的人才是超乎寻常的。"

评估解决方案

请其他人对解决方案进行评价，找出瑕疵。如果他们故作玄虚、装腔作势（比如，"我不认为此方案能顺利进行，理由是……"）就不要理会。如果他们能提出真正有效的意见，那么你必须要对方案作出调整。然后提出以下问题，看看结果如何。

- 我们能明确问题的真正起因吗？
- 我们作出的决策是否正确？
- 问题得以解决了吗？
- 组织内的重要人物是否接受这个方案？
- 我是否帮助员工培养了解决问题的能力，以便处理以后出现的难题？

基于前车之鉴，制定原则和方针

方针是为某一具体领域内的特殊功能所建立的，而原则一般是对更多人的规定和引导，范围较广较普遍。方针可能会在不需要时适时发生变化，但原则却是一成不变的。

- 方针居多，原则甚少；
- 方针千变万化，原则从未改变。

方针适用于底层管理和操作事宜。当它阻碍了项目的运行或延迟了改革进程时，就应及时更换或取消。方针的目的在于为企业明确方向，使企业的工作流程顺利。许多操作上的问题都能通过对方针的积极贯彻而得到解决。

在我的企业中有这样一条原则：永远走"高端"路线。即无论员工之间发生任何争论、疑问和对峙，我都希望我的员工能像对方说明质疑的益处。此原则在我的企业中任何时候都有效。或许它跟机械操作流程和纸张没有关联，但它却跟人紧密相联。为了使我的员工能有效地使用此原则，我必须：

- 以身作则；
- 通过提问题与他们保持联系，如"我如何将它运用到我的生活中"；
- 当看到员工将此原则运用到生活中时，拍手称赞。

永远走"高端"路线。

我在本书后面的部分中，会用完整的一个章节的篇幅来探讨你周围拥有合适的人的重要性。关于解决问题这一话题，如果你是个经常解决问题的能手且从未教授他人思考和作出决策的能力，那么

你的跟随者必然会对你产生很强的依赖感。多年前，我曾下决心要专心致志地帮助他人培养解决问题的能力，而不是替他们解决所有困扰。以下这些建议可能会对你有用处。

- 任何时候都不要让他人认为你有最佳解决方案，这样只会让他们更依赖你。
- 提出问题，在解决问题的全过程中帮助他人学会独立思考。
- 要成为一名教练，而不是君王。教练可以帮助他人沉淀他们的内心，并发掘他们的潜力，而君王却只能发号命令。
- 将他们的解决方案列成清单，再与你的看法相结合，直到他们拥有自己的想法。
- 让他们针对自己的问题决定出最佳解决方案。
- 制定实施计划。
- 使他们对此行动拥有主动权并担负起责任，让他们自行制定时间和责任机制。

你的目标应该是，在会议结束时，人们已对问题梳理清晰、选择了解决方案、制订出实施计划，并已握有计划的主动权。他/她与你的关系已不再是相互依赖，而是不断深化。

第六章
领导力的附加条件：态度

每次在领导力研讨班上演讲时，我都会让在场的人试做以下这个练习：

写下你所赞赏的一个朋友的名字：＿＿＿＿＿＿＿＿
写下你赞赏他的一个理由：＿＿＿＿＿＿＿＿＿＿

我希望在你继续读后文之前能花些时间完成这个练习。你不仅会发现有趣的重要见解，而且也会发觉很多时候你非常赞赏那位朋友的理由或某件事都跟态度有关。所有与会者做完此练习后，我便会在投影仪上列出最先提交给我的25个答案，并将它们分类：与态度有关的归为A类，与能力有关的归为S类，与外表长相有关的归为L类。每次做完这个练习后，都会发现有95%的答案都与态度有关。

查尔斯·史温道尔（Charles Swindoll）曾说过：

> 随着年龄的增加，我越来越意识到态度对人生的影响。于我而言，态度的重要性更甚于事实本身。它比你的过去、教育、金钱、环境以及他人所思所说所做还来得重要。它比你的外表、天赋或技能更重要；它可以建立或毁灭一家公司、一所教堂甚至是一个家庭。最不可思议的是，我们每天都可以选择要持怎样的态度去拥抱新的一天。我们无法改变已逝的过去，无法改变注定要发生的

事，亦无法改变人们惯有的行事方式。唯独能做的便是自始至终，坚持不懈，这才是我们该有的态度。我坚信，生活就是10%的际遇加90%的态度。当然，对你也是如此——我们自己决定着我们的态度。

> 生活就是10%的际遇加90%的态度。

正如态度是生活中所必备的，它对领导力也有显著的影响。与领导者所在的职位相比，领导力更注重态度。领导者的职位重要是因为它将影响跟随者的思维和感想。而优秀的领导者则懂得用正确的态度营造合适的氛围，以此激励员工作出正确有力的回应。

态度是我们人生的珍贵财富

我们的态度或许不会让我们成为伟大的领导者，但没有良好的态度将永远无法充分发掘我们的潜能。由于态度的模棱两可、含糊不清，总是导致我们无法发挥该有的优势甚至出现不理想的结果。沃尔特·爱默生（Walt Emerson）曾说："和我们内心的想法相比，我们未知的和眼前的事总是微不足道的。"

1983年的美国商业报告指出，在财富500强中，94%的企业总裁都表示与其他基本条件相比，他们的成功首先归结为态度因素。

设于美国旧金山的罗致恒富公司（Robert Half）最近让全美100家大型企业的副总裁和人力资源总监列出解雇每一位员工的最大理由。他们的回答不仅有趣而且强调出商业界内态度的重要性。

- 能力不够：30%
- 与其他员工无法融洽相处：17%
- 不诚实或撒谎：12%
- 态度消极：10%
- 缺乏动力：7%
- 拒绝执行命令：7%
- 其他理由：8%

注意，虽然能力不佳居于首位，但剩余5项都与态度有关。

卡内基学院不久前对一万名商业人士的记录进行了分析，发现他们15%的成功源于技术能力的培训，其余85%源于个人性格特质。分析表明，最根本的性格品质便是态度。

我们的态度决定着我们眼之所见和如何处理我们的情绪。这两个因素在很大程度上决定着我们成功与否。

1.眼之所见

从心理学的角度来说，我们眼之所见即是我们心之所见。一个郊区居民找不到他的锯子，便怀疑是他邻居经常做木工活儿的儿子给偷走了。在接下来的一周内，她认为邻居孩子的走路姿势、说话声音甚至是手势都很可疑。但当他在工作台后找到锯子后，便再也没有对这个邻居家孩子有过一丝怀疑。

内尔（Nell Mohney）在她的著作《信仰影响态度》（*Beliefs Can Influence Attitudes*）中曾讲到一个在旧金山海湾进行的"双盲试验"。一所学校的校长对三位教授说："因为你们在校表现优秀、经验丰富，所以由你们负责给这90名高智商的学生代课。在接下来的一年中，让他们根据自己的进度学习，看看结果如何。"

他们能给这样能力优异的学生代课当然很高兴。在接下来的一年里，三位老师和学生们相处融洽。老师给最聪明的学生代课，而学生在老师的精心引导下也受益良多。试验结束后，这些学生所有科目的成绩比其他学生高出20%～30%。

校长召集了这三位老师并对他们说："现在是澄清事实的时候了。你们之前所教的这90名学生并非天资聪颖、高智商，而是非特意选拔、随意抽取的普通学生而已。"

三位老师问道："这是什么原因？为什么这90名学生在这一年里的表现这样优秀？"

当然，这主要是老师的期待很高。我们的期待与我们的态度密不可分，虽然这些期待从始至终都不一定正确，但它们却决定了我们的态度。

2.如何处理我们的情绪

请注意，我并未说过我们的态度决定着我们的情绪。而且"我们的情绪"和"如何处理我们的情绪"这两者之间截然不同。每个人都有情绪低落的时候，我们的态度虽不能阻止这种情绪的出现，但却能阻止这种情绪影响我们。但遗憾的是，很多人都被这种消极情绪困扰，甚至被其左右，直至最后落得像漫画人物Ziggy一样潦倒。

夜晚，Ziggy独自坐在树下目不转睛地看着月亮，自言自语道："我在这里，总是进进出出、匆匆忙忙、心神不宁。没有一次待在我固有的地方！"

每天我都会见到被情绪所困的人。近期的一项研究显示，与情绪稳定的人相比，那些情绪不振（或情绪无常）的人发生交通事故的概率可能高达144%。这项调查也揭示出了这样一个惊人的事实：在事故发生前的6小时以内，每5个受害者中就有1人曾与他人有过争执。

态度恶劣的人不可能持续拥有成功

诺曼·文森特·皮尔在他的著作《积极心态的力量》（*Power of the Plus Factor*）一书中，讲到过以下这个故事：

> 有一次，在中国香港九龙，我穿过崎岖蜿蜒的街道来到一家文身工作室。橱窗中陈列着各式各样的文身图样，不论是在胸前还是在手臂上，你都可以根据自己的喜好文上锚、国旗或美人鱼等图案。但有这样几个字却深深地印在了我的脑海中：注定失败。
>
> 我怀着惊愕的心情进到这间工作室，指着这几个字向那位文身艺术家问道："真的会有人将'注定失败'这几个字文到自己身上吗？"
>
> 他回答说："是的，偶尔会有。""但是，"我接着说，"我难以置信，一个心态正常的人会这么做。"
>
> 那个中国人轻轻拍了一下额头，用蹩脚的英语说："心之所向，身之所往。"

一旦有消极思想深烙在我们的脑海中，那么长期获得成功的概率便会日趋减小。当然，在某种程度上，如果终日生活在无法相信自己的阴影下，也就无法有效行事。遗憾的是，我常常遇见一些由于悲观情绪而走向堕落的人。

> 如果终日生活在无法相信自己的阴影下，也就无法有效行事。

到现在为止，在体育界有很多人依旧崇拜高尔夫球星阿诺德·帕尔默（Arnold Palmer）。在其庞大的球迷群体"阿尼军团"中，有各个年龄段的支持者。虽然他获奖无数，但从未炫耀过自己的成功，唯独一座稍有磨损的奖杯被一直摆放在他的办公室，那是1955年在加拿大公开赛上，他获得的第一座职业奖杯。除此之外，还有墙上挂着的那个牌匾——告诉你他在场内场外都如此成功的原因。

  如果你认为自己被打败了，那么你就已经失败了。
  如果你认为自己没有勇气，那么你就已经胆怯了。
  如果你想要赢却认为自己是妄自菲薄，那么你就已经没有赢的机会了。
  生命中的战斗不会永远偏向强者，总有一天，相信自己成功的人就会是最终的胜利者。

只赢得一场比赛的高尔夫球员和阿诺德·帕尔默之间的区别在哪里？是球技精湛，还是靠运气？当然都不是！当世界排名前25位的高尔夫球员在每场锦标赛上的差距平均不到两杆时，那么他们之间的差别就不仅仅是球技的问题。

那是态度的影响。想法消极的人可能开始时表现优异，能赢得一场比赛。但迟早（一般很快），他们的态度会连累他们。

我们要对自己的态度负责

抱怨不休或好高骛远的心态不会给我们的生活带来好运。生活中充满了惊奇，心态的适时调整也是伴随一生的事业。

悲观论者抱怨刮风；

乐观论者期待风向转变；

而领导者则会调整船帆。

我的父亲，梅尔文·马克斯维尔（Melvin Maxwell）一直是我心目中的英雄，是"领导者的领导者"。他的独到之处在于永远保持乐观积极的心态。最近，我和父母亲在一起时，看到他打开公文包，我发现了几本与激发积极心态有关的书籍。

我说："父亲，您已经70岁了，一直以来都乐观向上，为何还在读这些书？"

他注视着我说道："孩子，我的心态不会自动调整。我必须要经常沉思，而且一直保持豁达乐观的态度，这是我的责任。"

原来如此！这一席话使我恍然大悟。我们选择了自己面对生活的态度，而且不会轻易改变。但让我感到吃惊的是，很多年轻人对自己的态度却不以为然。当有人对他们的性情乖戾感到不解时，他们会说："我只是情绪不好而已。"如果生活中遇到苦恼挫折之事时，他们则会说："我生不逢时。"如果自己的生活开始黯然失色，而家里其他人还在不断努力拼搏时，他们则会说："我的出生顺序不对。"如果婚姻不幸，他们会说自己找错了伴侣。如果别人得到了晋升，他们会觉得这是自己在错误的时间出现在了错误的地方。

你注意到了吧，他们时时刻刻都在因为自己的问题而埋怨责备他人。

生活中最辉煌的日子应当是我们不断努力为自己的态度承担责任的时候，那一刻才称得上是我们真正的成长。

林肯总统的一位参谋曾向内阁推荐过一位候选人，但被林肯拒绝道："我不喜欢这个人的脸。"

"但是，总统先生，这并不是他自己所能掌控的。"参谋坚持道。

"每个人过了40岁，就应该为自己留给别人的印象负责，尤其是面部神情。"林肯以此回答结束了对话。的确，不管你怎样看待自己的态度，它都会随着岁月的积淀呈现在你的脸上！

几天前，我在一辆车的保险杠贴纸上看到了这句话："悲剧是一种选择。"是的！正如我从一个女孩口中听到的故事一样。这个女孩和母亲一起去采购圣诞节所需物品时，超市里人流摩肩接踵，拥挤不堪。母亲因赶时间而取消了午餐，这个女孩又累又饿，便开始焦躁不安起来。

他们离开超市后，母亲问女儿："你有没有看到那些售货员丑陋的嘴脸？"

女儿回答说："他们并非像您说的那样，而是从进超市起，您就脸色僵硬，没有给他们好脸色。"

我们无法选择生命的长度，但却能选择生命的宽度。
我们无法选择容颜的美丽，但却能选择多彩的神情。
生活中难免历经艰辛，但我们却能让它多一些笑容。
我们无法决定环境的消极，但我们却能保持心底的开阔。

很多时候，我们总在妄想驾驭那些我们无法把握的事，却忽略了我们可以控制的——我们的态度。

无论遭遇什么，心态最重要

休·唐斯（Hugh Downs）说过，一个人是否快乐，只系于他的人生态度，而非由某种特定环境决定。

大多数人都认为快乐是有前提条件的。当生活一帆风顺时，他们心情愉快；当生活饱经风霜时，他们心神沮丧。有些人患有我所说的"目的综合征",他们认为幸福总会在某个位置或某个地方被找到。另有一些人则患有我所说的"贵人病",他们认为成为或者结识某些特殊的人才能鸿运高照。

以下这句哲理名言让我感受颇多:"上帝已安排好我们的人生旅程,而我们要自己选择如何走完它。"这句话也清晰地阐述了在纳粹集中营饱受折磨的维克多·弗兰克尔(Viktor Frankl)的态度:"在我身上,有一样东西你永远无法夺走,那就是我对待你的态度。无论何时何地,一个人最大的自由便是选择自己的态度。"他的这句话像星星之火一样点燃了所有压迫者心中的一丝希望。

同样,美国红十字会创始人克拉拉·巴顿(Clara Barton)也深知在困境中选择正确态度的重要性,因此她从未对任何人心怀恶意。有一次,朋友回忆起了多年前克拉拉所遭受的不幸之事,但对克拉拉而言却早已是浮光掠影。

"你不记得以前发生的那些事了吗?"这个朋友问她。

"是的。"克拉拉平静地说,"我确实已经忘得一干二净了。"

通常在生活中,人们经历的困境越多,越容易变得痛苦不堪、义愤填膺,久而久之,便开始麻木不仁地将这种负面情绪传染给周围的人。他们一味地将这一切都归咎于生活本身,"是厄运的降临毁掉了我的生活",但从未意识到,所有厄运或不幸都需要正确的态度作为回应。所以,是他们选择的错误态度毁了他们的生活,而不是环境。

C.S.刘易斯(C.S.Lewis)说过:"每一次抉择都会使你的人生态度不断升华。生活中随时都要面临选择,倘若把生命看作一个整体,那么你的态度或者像在天堂般心旷神怡,或者像在地狱中苦不堪言。"

领导者的态度影响追随者的态度

领导力即影响力。我们的态度对人们的影响,就像他们被我们的感冒传染一样——只要离我们足够近。脑海中最扣人心弦的想法是作为一个领导者的核心影响力。拥有良好的态度不仅对领导者自身的成功有举足轻重的作用,而且对周围人也有益。作为领导者,不仅要对自己负责,还要对所有员工负责。

弗兰克·克兰博士(Dr.Frank Crane)博士提醒我们,扔到墙上的球弹回的力与抛出时的力是相等的。物理学中的这个原理——作用力等于反作用力,同样也适用于影响力。也就是说,领导者的行为会在一些跟随者身上呈现出多重折射。无论你对他们报以微笑还是怒目而视,他们都会作出强有力的回馈。事实上,所谓的"命运的受害者"几乎是不存在的。因为慷慨者多助,吝啬者寡助。

你们知道"四分钟跑完一英里"这个故事吗?几千年前,古希腊人就在不断尝试,期望有所突破,达到四分钟跑完一英里这个目标。且有民间传说记载,古希腊人认为以追逐狮子来训练奔跑,就能提高跑步的速度。此外,他们还尝试过喝虎奶——并非现在保健食品店卖的那种,而是真正的虎奶。但最终这些方法都徒劳无获。因此他们得出结论:"由于我们的骨骼不够强健、风的阻力过大、肺活量不够等多个因素限制,在四分钟或更短的时间内跑完一英里是不可能的。"然而一千多年以来,竟未有人质疑过此结论。

直到1954年罗杰·班尼斯特(Roger Bannister)一举创造了"四分钟跑完一英里"的奇迹,并以此成绩向世人证明了之前所有医生、运动员和教练的结论都是错误的。也就是在那一年,同样有37名运动员突破了四分钟跑完一英里的大关。并且在纽约的一次比赛中,参赛的13名选手全都在四分钟内跑完了一英里。换言之,就算是在几十年前,这场比赛的最后一名选手也会被认为是完成了不可能完成的任务。

这究竟是怎么回事？训练没有新突破，也没有人知晓如何消减风的阻力，而且人的骨骼结构和身体条件更不可能在瞬间有所改善。唯有我们的态度才会导致这样的结果。

只要你制定了目标，勇往直前，就一定能实现。有人说过你不如对手强壮、聪慧、努力，没有竞争力吗？无须理会他们，只有你自己是否也这样认为才是最重要的。

直至罗杰·班尼斯特出现之前，我们都只相信专家的看法。然而也正是这些所谓的"专家"一直在遏制着人们的潜力。为什么？因为专家的权威性极具影响力。我相信，与领导者的行为比起来，追随者更能快速地受领导者态度的影响。即使是他们没有根据领导者的行为方式做事，也能察觉或反映出其态度。因为即使不说一字一句，态度也会被传递。

与领导者的行动比起来，追随者更能快速地受领导者态度的影响。

领导者的态度对他人的影响不容忽视，就如在聘请经理时，态度对他人的影响就是所要考虑的主要方面。实践心理学家列出了应聘管理层职位时所要考核的重点：进取心、对于企业决策的态度、对于同事的态度、管理技能、对于占用额外时间和精力的态度。在这些考核领域中，若应聘者稍有差池，就很可能在工作中凸显出消极态度，从而被认定是平庸的领导。

现在，抽些时间列举出你的哪些消极态度对他人造成了负面影响。

（1）_____
（2）_____
（3）_____
（4）_____

如何改变你的态度

就如动脉硬化一样，很多人似乎都患有美国罗格斯大学人类学家阿什利·蒙塔古（Ashley Montagu）所称的思想僵化症（Psychosclerosis），即态度上的僵化。

门宁格基金会（Menninger Foundation）的大卫·尼斯万格（David Neiswanger）曾说过："如果我们每个人依靠科技的力量活100年，而我们的仇恨、恐惧、孤独和懊悔又使我们无法享受生命，那么这漫长的100年对我们又有何意义呢？"

后面的章节将帮助你改变自己的生活态度。

回顾

多年前，我和妻子玛格丽特买下了我们的第一幢房子。那时因为财力有限，只能节衣缩食，尽量减少开支。此外，我们还约定自己打扫前面的庭院，这样不仅节省雇工费，还能为自己的房子创造一个舒适的环境。经过一番打扫，院子看起来很不错。

一天，我站在后院时，才突然发觉我们竟然从未整理过这里。为什么？因为别人经过我们的房子时看不到后院，而且我们也忽略了这个被隐藏的地方。

这也是我们在生活中确确实实经常遇到的问题。他们总是在费尽心思地修饰外表，却从未在意过态度的转变和提升。还记得这一章的开篇吗？请翻回去再读一遍，然后将所有的精力和努力都放在改变你的内在上。

改变态度的六个步骤

1.确定问题出现前的预感
这是意识到问题的最初阶段，也是最容易表明问题的阶段。

2. 明确问题出现后的态度
这个阶段就要揭开表象。是什么引发了错误情绪？将产生负面情绪的行为记录下来。

3.明确解决问题的思路
威廉·詹姆斯说过："我们关注的事物决定着我们的行为。"

4.明确解决问题的正确思路
将正确的思路和你所期望的想法记录下来。因为你的情绪取决于你的想法，只有改变你的想法，才能控制你的情绪。

5.公开承诺对正确思路的锲而不舍
公开承诺是强有力的承诺。

6.制定正确思路的实施计划
这个计划中应包括：

- 对你所期望的正确思路的书面阐述；
- 衡量其进展的方法；
- 评估每日的进展；
- 一个你要负责的人；
- 每日的自我提升；
- 和拥有正确思路的人保持联系。

这是改善自身态度的一般计划。以下步骤将增加你成功的概率。

下定决心

当领导者要求员工作出工作承诺时，有两个问题一定会被问道："他们能做到吗？"（与能力相关）和"他们愿意做吗？"（和态度相关）。通常后者至关重要。而一般会用两个问题来回答第二个问题。第一个是"现在时机是否合适？"，即现在启动积极变革的条件是否允许。第二个是"现在他们的情绪是否高昂？"，即现在成熟的客观条件能否让他们拥有为变革付出必要努力的热烈愿望。如果这两个问题都以斩钉截铁的"是"来回答，那么员工的决心越来越大，成功也会越来越近。

重新振作

丹尼斯·魏特利（Denis Waitley）说："生活中的强者总是在用'我能，我会，我是'来考虑问题。相反，弱者只关注'应该做而没有做的事'或者'后悔没有做的事'。如果我们不欣赏自己，不喜欢自己，那么，就要马上改变现有的态度。"

伦敦国王学院（King's College）的癌症研究中心曾对57位接受过乳房切除术的乳癌患者进行了一项长期调查研究。他们发现，10位患者中有7位患者的生命延长了10年之久，然而那些在得知确诊结果后意志消沉、灰心丧气的患者的病情加重很快。

目前，有研究人士称，这种健康状况受到精神态度的影响在医学界有个奇怪的名字——心理神经免疫学（Psychoneuro-immunology）。西雅图的港景医疗中心（Harborview Medical Center）正在对此领域进行研究，而且他们的发现也有力地证明了伦敦国王学院的研究结果。对烧伤患者进行了两年的研究后，港景医疗中心的研究小组发现，拥有积极心态的患者比拥有消极心态的患者痊愈快得多。

重新振作你的心态意味着：也许我无法改变眼中所看到的世界，但我却能改变内心看待这个世界的方式。

再次投入

在开始改变你的思维时，随即就要改变你的行为举止。你希望成为怎样的人，就要开始行动起来并按照你所欣赏的那类人的方式来行事。很多人总是先要做好充分的心理准备后，才开始付诸行动，但这样是没有任何成效的。

一天，我去看医生时，从一本医学杂志上看到了以下这段话：

> 我们几乎每天都能听到"唉、唉"的叹息声，以及"我就是没有减肥、测血糖含量的动力等"。而且我们在糖尿病专家那里也听到很多长吁短叹，病人根本不愿听从他们的医嘱，也不配合他们进行治疗。
>
> 让我们来为您排忧解难。动力不会像闪电般那样对你

有震撼力，也不会是其他任何人和事，如护士、医生、家人的苦口婆心和谆谆告诫。所有激励和动力的想法都只是计策而已。所以，忘记所有的激励，着手行动，去运动、减肥、测血糖含量或做任何其他的事。没有任何激励，你猜结果会如何？只要你开始行动，那么激励或动力便会随之而来，而且你还会发觉坚持不懈也并非难事。

约翰·布鲁纳（John Bruner）说："如同爱和幸福一样，激励也只是附带品而已。当你主动参与、专心做某件事时，它会在你不断努力的过程中逐渐产生，当你对前路希望渺茫时，它会让你坚持到底，直至柳暗花明的到来。"

正如哈佛大学心理学家杰罗姆·布鲁纳（Jerome Bruner）所说："你更有可能先行动再产生灵感，而不是先产生灵感再去行动。所以行动起来吧！不管你是否明晰这样做的动机。"

对于我的孩子，伊丽莎白（Elizabeth）和乔尔·波特，我和我的妻子一直都很注重培养他们良好的生活态度。我们很久之前就已发现，纠正行为举止是改变孩子态度的关键。当我们告诉孩子"要改变你的态度"时，这句话的意思太笼统，我们想要达到的效果也很模糊。相比之下，更有效的方法是向他们解释哪些行为举止意味着态度不端。如果我们帮助他们纠正生活中的行为举止，那么态度自然也会得到改善。不再对他们说"要心怀感激"之类的话，而是让他们每天对家人表示真挚的问候。像这样习久成性，他们自然会有谦敬的态度。

不断反复

保罗·迈耶（Paul Meier）曾说过："态度，无非就是思考的习惯，而且是可获取的。一个行为的反复会变成一种可实现的态度。"一次，在主持会议时，有人向我询问帮助他人改变不当态度的简要计划。我给她提供了两条建议：第一，使用适当的言辞，阅读积极的书籍，聆听愉悦的音乐，与乐观的人交往，做意义深远的事，做宁静美丽的祷告；第二，按照第一点中提到的要求，每天坚持反复做，而不是断断续续地做。这样你的生活才会有改变。

自我升华

值得庆幸的是，这样长此以往，人们的消极态度便会淡出。但我还是要强调，虽然战争永不停息，可我们努力的价值终会显现。消极思想被剔除取代得越多，自我升华的经历就越丰富。我的朋友莉娜·沃克（Lena Walker）曾为她祖父写过一篇颂词，其中就提到了她祖父在这方面的实践经验。同时，这篇颂词也很有力地阐述了态度培养是一个坚持不懈克服消极思想的过程。

每年，春天如期而至时，我的脑海中都会浮现出一位白发苍苍的老人"骁勇善战"的情景，而"敌人"并非有血有肉，只是一种叫作"芥菜"开的小黄花。当你凝视这一望无际的田野和草地时，会发现这些小黄花美丽鲜艳，似乎与人和睦融洽。但年复一年，它们长势凶猛以至于漫山遍野。所以，每年春天我祖父走过这片田野时，都会将这些小黄花连根拔掉。

后来，我生活在俄亥俄州的农庄，每年春天都会看到田野中"杂草丛生"。开始那几年我置之不理，但随着年龄的增长和成熟，我才领悟到祖父的智慧所在，便决定和他一样开始进行"除芥战斗"。

现在，田野里芥菜很少，只有零零散散冒出的一些而已，但每当我走过这片田野除掉这些杂草时，都会对祖父怀有深深的敬意。

于我而言，这种杂草就像是我们生活中的坏习惯和消极思想。只有不断修剪才能使我们的生活苍翠繁茂，充满生机。

第七章
发掘最可观资产：人才

只能影响追随自己的人的领导者是有局限的领导者，而不受局限的领导者则致力于培养他人的领导能力，正如安德鲁·卡内基所说："万事独揽或荣誉归己的人，不会成为一个伟大的领导。"

> 不受局限的领导者致力于培养他人的领导能力。

盖伊·弗格森（Guy Ferguson）这样说过：

知道如何做一项工作是劳动者的素养；
将有用的知识传授给他人是老师的素养；
激励下属做好工作是管理者的素养；
能做到以上三点才是领导者的素养。

本章将重点讲述如何培养人们的分享意识，帮助人们实现领袖梦想。中心论点是：人们的分享意识越强，实现梦想的概率就越大。

处在领导者的位置上并试图单打独斗的人，有朝一日会与想把500磅砖块从四楼顶层搬到楼下人行道的砖匠有一样的结局。而问题就在于砖匠尝试独自做一件事。在填写保险索赔表时，他解释道："如果用手搬这些砖块会浪费很多时间，我决定把砖块装入桶内，用一端固定在四楼顶端的滑轮把桶运送下去。首先将绳子一端固定在地面，再到楼上用绳子另一端把装满砖头的桶四周固定，挂在绳索上用滑轮使其滑到人行道上。

"之后，我到楼下解开绳子，将桶慢慢拿下时，我140磅重的身体被500磅的重物猛地拉离地面，还没有时间去解绳索就已经被拉了上去。经过二楼和三楼时，迎面而来的木桶从半空中落下，所以我上身被撞得满是伤痕。

"当绳子到达顶端时，我的手指绞进了滑轮，伤到了大拇指。此时，木桶滑下之后砰的一声，桶底摔碎了，砖块也全部掉落，只剩下40磅重的空桶。因此，我140磅重的身体顺势以很快的速度摔下去的同时空桶上升，这便是我脚踝受伤的原因。

"虽然下降时略有缓慢，但着陆时还是摔在了砖块上。这便是我背部扭伤的原因。

"当时，我已经痛得完全失去知觉，无力抓住任何东西，于是固定木桶的绳子开始滑落，落下的空桶朝我猛砸下来。这便是我头部受伤的原因。

"至于表格上的最后一个问题，'如果同样的状况再次发生，你打算怎么做？'我建议不要试图独自完成此工作。"

我发现了人际交往/工作技能的三个境界。

初级境界：与他人合作顺利完成工作的人是追随者。
中级境界：帮助他人顺利完成工作的人是管理者。
最高境界：挖掘优秀人才来工作的人是领导者。

个人发展的原则

能否成功地培养人才取决于如何更好地实现以下几点。

- 个人价值：态度的问题。
- 恪守承诺：时间的问题。
- 为人正直：性格的问题。
- 衡量他人的标准：洞察力的问题。
- 影响他人：领导能力的问题。

通过观察那些在重要方面有突出表现的领导者以及根据我的个人经验来看，个人发展成功与个人发展不成功的人，在以下三点上有所不同。个人发展成功的人——

（1）能对他人作出正确的评价；
（2）能向他人提出正确的问题；
（3）能给他人提供正确的帮助。

成功人士的个人发展：对人才的正确评估

相对来讲，鼓励他人不是件难事。我曾多次被问道："约翰，你是如何激励他人的？"我给出的答案是"保持热情、鼓励他人、指引方向、相信他人"。同时，只要摒除旧的习惯模式和由此产生的恶劣品行，就能看到他人遵循我的意见并于短期内取得的成功。

从这种恶性循环来看，我不禁要问自己为什么那些采取我意见的人不能继续去激励他人。随后我才恍然大悟！我之前告诉他人的只是被激励后的表现，而不是如何从根本上去激励他人。而他们只写下了我所说的表面意思，并没有从根本上受益。我所说的对他人的评估是指能够持续激励他们，让他们不断发展。事实上，领导者对他们的正确评价是他们不断发展的关键因素。

设想是对某种真实印象的评估。我如何对待他人在很大程度上取决于我对他人的评估或设想。为什么？我对他人作出的评估是我所期待的。而我期待的也是我已发现的。这个发现会影响我作何反应。因此，对他人的消极评估会给其领导能力带来消极影响，反之积极评估则会带来积极影响。以下是我发现的一些极有价值的设想。

设想：每个人都想拥有价值感

成功的教师、作家、管理者、政治家、哲学家和领导者在处理人际关系时，都本能地知道这样一个简单的事实：每个人都是有欲望的。的确，每个人对某些事都有欲望，如希望被认可、渴望友谊和被理解、期待爱情，这些欲望永无止境。在人们的心愿单上我经常能看到对价值感的渴望。唐纳德·莱尔德（Donald Laird）说，人都希望被重视！这可以帮助人们增强自尊心。因此，如何让他人感受到自己被重视，是领导者要培养的技能。我相信，除了更好地帮助他人寻求满足感和价值外，几乎没有其他更好的称赞或恭维了。

虽然我的旅行安排很紧密，我也经常要到圣地亚哥去拿擦好的皮鞋。因此，我和擦皮鞋的梅尔文（Melvin）成了朋友。我们的谈话经常会提到两件事：询问由他担任教练的少年棒球联盟的情况，因为那是他的一生所爱；告诉他和其他在场的人，与我知道的其他擦鞋匠相比，梅尔文比他们中的任何人都擦得好。

拿破仑·波拿巴（Napoleon Bonaparte）达到了领导者的最高境界，他清楚地知道军队中每个军官的名字。他喜欢在营地漫步，与军官们打招呼并和参加演习或战役的军官商讨相关事宜。他从不错过询问士兵家乡、家人情况的每一个机会；对于每个人的具体信息他到底能在大脑中储存多少，让人很吃惊。

因为从他的话语和问题中，军官们能感觉得到拿破仑对他们每个人的关怀，所以也不难理解为何他们都愿为拿破仑献身。

设想：每个人都需要被激励并对其作出回应

对于他人如何发展的问题，我已经研究了23年，并发现，只有在精神上受到鼓励的人，才能在工作中付出很大努力并将其做好。因此，激励是灵魂的氧气。

研究人员对以前的一个理论——激励能促使人们更好地发挥其才能，表示支持并进行了新的论证。

在一次实验中，研究人员给了每个成年人10道同样的问题，让他们作答。但是等他们将答案上交后，研究人员最后给出的结论却是虚构的，即研究人员告诉一半考生他们答对了7道题，结果是优秀；而告诉另一半考生答错了7道题，结果是良好。随后，研究人员又给出了另外10道问题让他们作答，给予积极评价的考生在第二轮的成绩高于第一轮中给予消极评价的考生。所以，评价或批判会影响他们的发挥甚至是毁掉他们，即使是错误的评判。

维克多·弗兰克曾说过：

> 如果你以他人的预期来对待他们或明显高估他们，那么你就能帮助他们成为他们想要成为的人。你知道吗，如果我们只是以他人本身的样子对待他们，这会让他们变得越来越差。如果我们鼓励他人朝可能的方向努力，那么其实是帮助他们成为他们可以成为的人……如果你说这是理想主义——高估了人的能力——那么我必须要回答，"理想主义才是真正的现实主义，因为你是在帮助人们挖掘他们的内在潜力。"

花些时间将领导力（影响力）本身的含义和领导者该有的责任（发展人才）紧密结合起来。能影响他人的我们（领导者）该如何真正地激发他人，让他们有所发展？我们所能做的就是鼓励他们，相信他们。人们总想达到生活中重要的人对他们的预期。在谈话开始后的前60秒，我试着去模仿说一些鼓舞人心的话来激励我的员工，这使我在说每一件事时都会保持积极向上的语调。

人们总想达到生活中重要的人对他们的预期。

雷吉·杰克逊（Reggie Jackson）在谈到如何成为一名伟大的棒球队经理时说道：优秀的管理者须具备一项本领，即让棒球运动员知道他们比现实中的自己更优秀，强迫他们对自己有积极的评价；让他们信任你的同时看到自己更卓越的一面，而且只要运动员得知真正的自己有多优秀后，就永远不会在任何工作中只满足于现状，而是会再竭尽全力做到最好。

亨利·福特说："最要好的朋友是那个能帮我挖掘出内在潜力的人。"多么正确的一句话。每个领导者都想要发掘出他人的潜力，且每个成功的领导者也深知，只有通过激励机制才能实现。

设想：人们总是先相信领导者，再相信领导能力

我们常常期望人们忠于领导这个位置，而不是忠于占据此位置的人。虽然他们有所回应，但组织机构不会对人们有任何激励作用。作为领导者，首先要声明，他们并不是因为权利才有的权威性，而是因为人际关系才有的权威性。除非人们知道你有多在乎他们，否则他们不会在乎你知道的多少。在得到他人的信任之前，要先相信他人。如果人们不信任他们的领导，那么任何事都会阻碍他们对领导的支持。相反，如果人们信任他们的领导，则没有任何事会阻止他们对领导的支持。

除非人们知道你有多在乎他们，否则他们不会在乎你知道的多少。

我们中的很多人都认为克里斯多弗·哥伦布（Christopher Columbus）只是伟大的探险家，却不知他还是个伟大的领导者和销

售员。在他开始改变世界的探索之旅前，必须要让自己的同伴相信这个想法并不荒唐，但这并不能一蹴而就。他必须考虑以下这些对自己不利的情况和条件。

第一，横渡大西洋航行，绝对没有市场，而且数百年来的传统和迷信也几乎确认了这点。

第二，虽然是他筹备的航海旅行，但他也不是船长。

第三，哥伦布是意大利人，先住在葡萄牙随后又去了西班牙。

第四，哥伦布没有足够的钱来完成这样的航海之旅。而事实上，法律规定唯一能资助此探索之旅的人是国家元首、国王或王后。因此，在他的心愿单上列出的捐助者非常少。

第五，他所给出的价格不菲。除了所需船只和资金支持以外，哥伦布还列出了个人所需清单：（1）在国家和新大陆之间的商业来往上，抽取10%的佣金；（2）授权头衔——海军上将；（3）所有发现的新大陆他都具有永久管理权；（4）获得的所有荣誉和权利传给他的继承人。

引人注目的是哥伦布按照自己的主张实现了这个清单。现代销售人员可以从哥伦布身上学到很多销售技巧。他成功的秘诀在于不懈的努力和专注的热情。而且他也始终坚信，穿过大西洋就能抵达亚洲。即使想法不正确，这种热情也给了他说服别人的自信、毅力和信心。

他不介意一次又一次地请求出海命令！因此，花了7年时间请求葡萄牙约翰国王资助他的探险旅程。最后，在得到国王的同意前，他又花了7年时间说服费迪南二世（Ferdinand）和伊莎贝拉女王（Isabella）。

航海开始前，哥伦布必须要深思熟虑。任何一个成功的领导者都知道这个真理——人们在信服你的领导力之前，必须要先相信你。工作中的高昂士气来源于人们对上级领导的信任。

设想：多数人都不了解如何获取成功

大多数人都以为成功靠的是运气，总是试图以"赢彩票"的心态对待生活。其实不然，成功真正源于你的周密计划，它是运筹帷幄和正确时机的结晶。

很多人都认为成功是在某个时刻、某个地点瞬时发生的。不，成功是一个翔实的过程，不仅包含着成长和奋斗，而且在有所得时，将其作为进身之阶达成更长远的目标。

另有一些人认为成功就是学会永不言败。不，成功是要学会从失败中吸取教训，因为失败会让你拥有更多智慧。相反，当我们在失败中一无所获时，失败才是真正的失败。

> 失败会让你拥有更多智慧。

一旦人们意识到作为领导者的你能够帮助他们成功，那么他们就会确切不移地追随你！有人曾说："成功也具有影响力，只要你成功了，周围的人都会受到你的影响。"这句话在企业中也同样适用。只要领导者体现出他能够获得成功的能力，并且致力于帮助他人成功，那么自会有忠心耿耿的追随者愿意与他比肩作战。

设想：人的动力与生俱来

当你照看一个1岁的孩子时，会发现他们总是对家里的一切充满好奇，并试图一探究竟。据我观察，虽然人们开始时都有着努力参与的欲望，但随着挫败的不断阻挠，便需要再次激励他们获得动力。

很少有孩子愿意去学校。三四岁的孩子都喜欢在学校"玩耍"，开始时迫不及待地期望拿着崭新漂亮的午餐盒，欣喜若狂地坐在教室里。然而，两三年后，有些孩子则开始厌恶学习，以抱怨"肚子疼"为借口不去上学。这是为什么？因为学校无法激发学生们与生俱来的热情和动力。

激发他人动力的真正秘诀是创造一个轻松自在的环境，让人们内心摆脱挫伤的阴影。

哪些因素能够激励人们

1.积极重大的贡献

人们都希望加入一个团体并以此寻求具有持久影响力的动机，使他们知道自己并非在蹉跎光阴，而是在为社会作贡献。所以只有在行动中发现价值，才能意识到人的动力不仅来源于行为本身，而且来源于实现目标的热望。

2.参与目标的制定

人人都会支持自己所参与创建的事业。参与到制定目标的过程中，不但是一种激励，更能让参与者产生被需要感。随着这种激励和动力的不断驱使，他们便开始全身心地投入，不仅让目标成为现实，而且积极塑造未来。这样获得的成就感有利于建立团队精神、提高道德素养，让每一位成员都认识到自己的重要性。

3.正视不满的情绪

有人曾说，"不满"这个词是对"激励"最贴切的释义。不满情绪能高度激发人的动力，因为他们看到了立即做出改变的必要性。他们清楚问题所在，也知晓解决之道。因此，不满情绪会引发不屑一顾的心态，会唤起人们的行动欲，更能在激发出批判精神的同时催生变革。

4.给予积极的认可

每个人都渴望被关注，渴望因自己的成就和贡献而得到他人的信赖和赏识。很多时候，给予认可是表达感谢的另一种方式。虽然个人成就本就有激励性，但只有当它得到别人的认可时才彰显其意义，认可赋予一个人存在的价值。

5.明确未来的期待

当人们明确未来的目标并有信心成功地完成它时，这也是激励他们的一种方式。没有人愿意一头扎进含糊不清的工作中。只有当目标、期待和责任都明晰后，动力才会逐渐攀升。当分配责任时，还要确保给予人们必要的权力去执行任务。所以，当人们在工作和时间上自行控制有度时，工作才会精益求精、日臻完善。

哪些因素让人们丧失动力

某些固定的行为习惯会使人丧失动力，而且这些行为会在不知不觉中对他人带来负面影响。以下这些建议有助于人们避免这些行为。

1.不要轻视任何人

公开批评、打断对话，甚至是戏弄嘲讽都会伤害他人，所以我们必须谨言慎行。对他人的鄙夷不屑，严重时会使他人自尊受损，自信全无。如果你一定要给出评价的话，记住要用九句积极的评价来弥补一句消极批评带来的影响。

2.不要操纵任何人

没有人喜欢被人操纵或利用。任何一次轻微的操纵利用，都可能毁掉原本建立的信任感。真诚和透明带给我们的益处远比狡黠和奸诈多。因此对人们的不断肯定和赞誉，将鼓励他们积极努力、忠心耿耿地工作。记住——有给予，才会有回报！

3.不要麻木不仁

人才是我们最可观的财富，不仅要优先考虑，更要花时间去了解他们、关注他们。这意味着在谈话中要积极地作出回应，而不能表现出心不在焉或行色匆匆。学习聆听的艺术，不要总想着你接下来要说什么，而是要用心去倾听、去感受他们的思想。即使是毫无意义的小事，只要你去留意，就会显示出作为一名领导者该有的灵敏和细密。

4.不要阻碍他人进步

成长和进步本就是一种鼓舞，因此领导者要多给员工机会接触新事物、学习新技能，拓宽他们成长的道路。我们不该因员工的成长而心存芥蒂，而应该鼎力扶持，并允许他们在此过程中出现成功和失败。因此应该建立这样的团队精神："个人成长，集体得益。"

成功的伯乐善于提出培养贤才的核心问题

我们已经探讨了正确评估他人才是成功的人才培养者所应具备的首要原则。以下是领导者要经常扪心自问的六个问题。

我在培育他人，还是利用他人实现个人目标

任何时候都必须以人为本。弗雷德·史密斯说，联邦快递在创立之初，就秉着"以人为本"的原则，因为这是企业经营中正确的策略和有利的因素。"我们的企业理念简明扼要：集员工、服务、利润为一体。"

这个问题主要涉及领导者的动机。"操纵"与"激励"之间虽存在细微差别，却能切中肯綮。

"操纵"是以"我"个人利益出发，召集员工工作。

"激励"是以"双方或多方"利益出发，召集员工工作。

解决问题时，我是否有足够的心理准备来面对员工

对大多数人而言，正视问题或他人都难免陷入尴尬处境。如果你认为"正视"这个词难以理解，我建议你用"澄清"这类词来代替它。遵循以下十条戒律，只要澄清问题便可避免与他人对峙。

正视他人的十条戒律

（1）私下解决问题，避免公开冲突。

（2）尽快解决问题，避免拖延耗时。

（3）每次只谈一事，勿给对方压力。

（4）主题简单扼要，避免冗长重复。

（5）掌握他人的能力范围，避免关系因此转恶。

（6）避免"对人不对事"的讽刺口吻，以免引发他人憎恶。

（7）避免使用"经常"和"从未"等泛词，以免使他人产生戒心。

（8）如有可能，试用建议或提问的方式表述评论。

（9）勿因敌对性的谈话而道歉，那不仅违背事实本意而且显示出你对职责及权利的不明确性。

（10）切勿忘记褒扬。在会议场合，使用我所称的"三明治"法：褒扬—对峙—褒扬。

我是否会聆听人们内心的声音

以下是我曾给员工做的一次测验，非常有用。

我善于倾听吗？

在以下问题中，如果你的答案是"经常、一直"记4分；如果是"通常、大抵"记3分；如果是"很少"记2分；如果是"从未"记1分。

＿ 我是否允许对方把话说完，而不打断他？

＿ 我能否领会对方的隐含之意？

＿ 写邮件时，我能否抓住关键信息？

＿ 我是否会重复对方的话以便洞彻其意？

＿ 与对方意见不合时，我是否会避免带有敌意或过于激动的言辞？

＿ 我是否能全神贯注地倾听对方？

＿ 与他人对话时，我是否能努力表现出对话题有兴趣的状态？

得分：

26分或26分以上：你是一位杰出的聆听者。

22—25分：你是一位优良的聆听者。

18—21分：在聆听技巧方面你还有待于提高。

17分或17分以下：你急需训练聆听技巧。

宾夕法尼亚大学的医学博士、精神病学教授大卫·伯恩斯（David Burns）说："在试着以极具说服力的口气与他人谈话时，你最易犯的错误便是骄傲自满、趾高气扬地表述自己的观点和看法。大多数人内心渴求的是被聆听、尊重和理解。在人们感到自己被尊重的那一刻起，就会更主动地去了解你的观点。"

每个员工的主要优势是什么

一个人如果长期在个人不擅长的领域工作,必将缺乏动力、精神颓丧。与其让员工在自己不擅长的领域耗时,不如另作安排,知人善任,这样你会发现他们与生俱来的动力在不断倍增。

我是不是已将工作放在重要位置

当员工明白自己所做之事的重要性时,便会倾向于保持工作的动力和热情。企业中最激励员工的一句话:"你是不可替代的。"而最让员工气馁的一句话是:"你无足轻重。"

我还记得,我们公司的电脑系统监管员琳达(Linda)来我办公室参加晨会时,我明确地告诉过她,她所做的工作并非仅是管理几台电脑这么简单。如果能在自己的工作中尽职尽责、日臻完善,那么其他员工也会深受鼓舞。在意识到自己的工作对他人的成功有积极影响后,她的眼角湿润,闪着激动的泪光。

我是否在工作关系中展示出了员工所能获取的价值

当员工看到自己工作中的价值所在时,便会倾向于持续保持工作的动力和热情。实际上很简单,当我们听到声明、看到广告或被要求作出承诺时,总有一个微弱的声音出现在我们脑海中:"这对我有何利益?"你努力筹备的会议,有人拒绝参加的理由很明显,那是他们还没有看到其中能获取的价值(利益和报酬)有多少。

想想你和下属或上司间的重要关系。在一张纸的左边，草拟出一个清单——"我的给予"，写下你为维护与上司的关系所作的努力，即你的付出。而若是与下属工作，则应写下工作报酬、职位保障、工作时间和员工专业发展等。

在这张纸的右边，草拟出另一清单——"我的收获"，写下你所取得的一切。然后坐下来仔细对比这两张清单，不要细数清单中的每项内容（因为每项内容的重要度各有不同，且有些内容在两张清单中可能重复出现），而要回答这个简单的问题：衡量你在工作中所有的付出和所得，思考一下受益最多的是谁。从以下选项中选择你的答案。

（1）受益匪浅：将产生自满自得、忘恩负义的心态。
（2）对方受益匪浅：将引发愤怒的情绪。
（3）双方受益均等：彼此互相尊重，互相激励。

通过胡斯曼和哈特菲尔德（Huseman and Hatfield）的著作《管理公平因子》（*Managing the Equity Factor*）中提到的公平敏感性影响因素来分析你的答案。

（1）人们通过个人付出和获取的比较结果来评价自己在此关系中公平与否。
（2）如果付出和获取这两者不相等，那么个体就会产生不公平感。
（3）由于付出和获取不相等而产生不公平感的个体将采取改变行为等方法来消除不公平感。这会导致负面情绪的滋生。

你有结论了吗？

成功的伯乐给予人才正确的帮助

让员工发挥优势，克服劣势

作为领导者，我始终要反问自己的一个问题是"员工在工作中获得了多少成效？"（他/她是否有所收获？）而不是"员工在工作中有多勤奋？"（他/她是否忠诚可靠？）。

企业中一些可造之才并未凸显出他们的优势。他们可能被锁定在管理层认为重要的职位上，虽能胜任，但却丧失了在自己擅长领域更上一层楼的机会。如果是这样，就会造成一失足成千古恨的败局。因为员工丧失了自我发展的机会，失去了工作的乐趣和满足感；企业也损失了最有价值的人力资产，经营能力也会随之下降。

与员工近距离接触

你可以给员工的脑海中留下距离感，但却只能近距离地影响他们。

- 列出本周内与你相处30分钟的员工的名字。
- 对于你们的接触，是你还是员工主动安排的时间？
- 在会面之前，是否准备了议事日程？
- 接触的目的在于促进关系、沟通情感、讨论工作，还是其他发展?

- 这是一次"双赢"的会面吗?
- 接触的是最有影响力的那20%员工,还是剩余的80%?

要爱护每一位员工,但重点是将精力集中放在最有影响力的那20%的员工身上。激励多数,指导少数。与这部分人坦诚相见,为他们制定发展战略,并和他们一同建立起一个团队。

维护员工的尊严

正如西德尼·哈里斯(Sidney J.Harris)认为:

人们期望被赏识,而不是被感动。
人们期望被尊重,而不是被视为窥探他人自尊的工具。
人们期望成为独立的个体,而不是被视为满足他人虚荣心的一颗棋子。

为员工的成功创造机遇

作为领导者,我的责任是为员工创造以下有利的条件。

- 优良的工作环境:积极向上、温馨暖人、激情开放且富有创造力。
- 适当的工作用具:聘请优秀的人才,配备一流的工具,才会卓有成效。

・持续的培训计划：员工能力的提高，就是企业的进步。

・优秀的合作人员：我们的目标是塑造一个团队，因为组成团队只是起点，共同协作造就成功。

・让人向往的愿景：引导员工为长远的目标和理想而奋斗。

伟大的领导者总会比普通的领导者更能给予员工先声夺人的优势，赋予他们更多价值，并且在他们独自工作时帮助他们日趋完善，迈向成功。因此，领导者应该要问的第一个问题是："我怎样扶持身边的人更加成功？"如若此问题有了答案并能实践，那么所有人都将前程似锦！

人才培养的原则

投入时间培养人才

曾经的美国首富,安德鲁·卡内基年少时从苏格兰来到美国,做过各种零工,最终从一文不名的移民成为美国最大的钢铁制造商。他曾拥有43位百万富翁为他工作。在那个年代,一个百万富翁已经是凤毛麟角了,而且据保守估计,那时的100万美元可能至少相当于现在的2000万美元。

曾有位记者问过卡内基,他是怎样聘请到这43位百万富翁的。卡内基回复道,这些人开始为他工作时还不是百万富翁,但他们会因此而成为百万富翁。

随后,这位记者又问道,他是如何发现和培养他们,使他们变得如此富有价值,以至于让他高薪聘请。

卡内基说,发掘人才与采掘黄金一样。开采出的金矿,需要不断打磨和剔除表面杂质才能获取一盎司黄金。但是人们真正所要寻求的是黄金,而非这些杂质。

罗伯特·哈夫(Robert Half)说过:"不仅仅是人的能力,还有很多事情我们都难以掌控,即赏识他人的能力。"除了有发掘"金子"的能力以外,领导者还要知道如何培养他们,让十个人都有能力工作,而不是让一个人去做十个人的工作量,当然,这会困难重重。"能独立工作的人可以随时开始,但与他人一同合作的人必须要等另一方准备就绪才能开始。"

人际交往能力为成功奠定基础

在那些一流的企业中,必然有能与员工和睦相处的领导者。戴夫·斯莫利(Dave E.Smalley)在他的著作《舞池应用》(*Floorcraft*)中提到,安德鲁·卡内基曾经单凭查尔斯·施瓦布(Clarles Schwab)善于与人相处、工作关系融洽这一点就以年薪一百万美元聘请担任卡内基公司总经理。卡内基手下虽有业务精干、训练有素、经验丰富的人员,但他们缺乏伯乐识马的资质及帮助员工发掘潜质的能力。

当各大企业的高级管理者被问及领导力才能中最需要的一项素质时,他们的回答都是"具有与员工相处融洽的共事能力"。

美国总统罗斯福曾说:"成功之道的重要因素是善于处理人际关系的交际本领。"

石油大亨约翰·洛克菲勒(John Rockefeller)也曾说过:"比起其他应具备的能力中,我愿意付出更多的努力和精力来处理人际关系。"

位于美国北部卡罗莱纳州的格林斯博罗创造性领导力中心,对105位成功管理者进行调查后发现:

- 他们能够承认错误、接受事实,而不是责备他人。
- 他们能与各种各样的人相处。
- 他们不仅拥有杰出的人际关系技巧,而且言行得体,反应灵敏。
- 他们处事冷静自信,从不易怒善变。

相反,失败的领导者要么粗暴蛮横、恶言谩骂,要么待人冷淡、情绪反复无常；而且最致命的缺点是缺少敏感度，对他人麻木不仁。

就如丹佛野马队（Denver Bronco）前教练约翰·罗尔斯顿（John Ralston）离开球队时所说的："我离开是因为球迷已经对我急倦了。"所以人际交往能力的匮乏，可能落得与他一样的下场。

成为他人追随的典范

世界第一激励法则——"镜像法则"，即看到别人怎么做，大家也会怎么做。领导者的快速进步决定追随者的成长速度，而追随者的步伐永远都不会超越领导者。以下是我多年来在培养人才方面所遵循的步骤：

工作	结果
我单独工作	给他人做表率
我工作时，你与我一起	指导他人
你工作时，我与你一起	监督他人
你单独工作	自身提高
你工作时，其他人与你一起	给团队增值

在大多数情况下，改变人们观点和想法的是观察和体验，而不是争执辩论。

本杰明·富兰克林（Benjamin Franklin）经过研究得知，将碎石灰撒入田间有助于谷物的生长。当他告诉周围邻居时，不仅无一人相信他，还与他争论不止试图证明石灰对所有农作物的生长毫无帮助。之后，他停止了争论，再没有多说一句。

随后在第二年的早春时节，富兰克林亲自去田间播种了一些种子。在靠近田间小道处，他将这些种子按照"这里已撒石灰"的字样播种。一两周之后，种子很快地生长发芽了。

当邻居们路过这条小道时，惊奇地看到这里的庄稼长得郁郁葱葱，比其他地方的都茂盛，而且萦回屈曲，恰有"这里已撒石灰"的字样蜿蜒而去。如此一来，本杰明·富兰克林不但不用多费言辞，而且还巧妙地证明了石灰对谷物生长的益处。

透过眼神，洞悉内心

亨利·沃兹沃斯·朗费罗（Henry Wadsworth Longfellow）曾说："由于判断标准不一样，我们要学会换位思考，才有可能真正做到希腊古人说的'认识你自己'。"

任何一位能得当处理人际关系的领导者都明白，每个人对任何事情都有自己的见解和想法。我在很久之前就认识到，人们总认为：

他们的问题最严峻，

他们的孩子最聪慧，

他们的笑话最有趣，

他们的错误应权且放过，不予追究。

以下这个故事则充分地证明了我们每个人对待生活的态度。

二战之后，一位将军和手下的年轻中尉搭乘火车去英国。上车后发现，只有一对祖孙的正对面有空座位，于是他们便坐在了这个祖母和她漂亮孙女的对面。行驶途中，火车穿过了一条很长的隧道，其间约有10秒钟车厢内漆黑一片。在这寂静的片刻中，车厢里传来了接吻声和一记掌掴声。每个人都在揣测发生了什么事。

那位漂亮的孙女心想："那个年轻的中尉亲吻了我，让我深感荣幸，但祖母却打了他一记耳光，真让我尴尬透了！"

她的祖母心想："不知羞耻的中尉居然亲吻了我孙女，但孙女没有让我失望，也教训了那小子！"

将军坐在那里，左思右想："中尉鼓足勇气亲吻了这个女孩，但她为什么要打我一个耳光呢？"

整个车厢内恐怕只有中尉一人知道刚才在漆黑中所发生的事：他完全有机会在黑暗中亲吻那个女孩，再打将军一记耳光。

以下这些问题会帮助你发现他人在不同情境下的想法：

- 背景：这个人在这家企业或其他企业中的背景是什么？
- 性情：这个人性情中的主要特征是什么？
- 存在感：这样是否会影响到他人的工作？
- 关系：他与我或与企业中其他人的关系如何？
- 动机：导致他有这种想法的理由是什么？
- 潜力：这个人（或这件事）值得领导者花费时间和精力发掘其中的价值吗？

我发现，只有做到以下几点时，才有培养人才的资质：

细心凝听，通过眼神，予以理解；
融洽相处，通过内心，予以沟通；
言传身教，通过行动，予以提升；
善于思考，通过挑战，予以拓展。

先关心，后培养

我时常看到这样的领导者，要求员工致力奉献前从未关心过他们。就像西班牙爱国者纳瓦埃斯（Narvaez）在临终前，他的神父问他是否已原谅了所有的敌人。纳瓦埃斯惊讶地回答道："神父，我从没有过敌人，他们都被我开枪打死了。"

Teleometrics研究机构将他们企业中执行力不同的管理者对于员工的看法做了对比，以下调查结果已被刊登在《华尔街日报》（*Wall Street Journal*）上。

在调查的16,000名管理者中，13%的"高成就者"倾向于像关心企业效益一样关心员工，一般成就者则集中关心的是产品生产，然而低成就者则只会保全自己的职位；高成就者乐观对待下属，悉心听取下属的建议；低成就者对员工的能力心存质疑，只依赖管理手册，从不与员工沟通交流。

寻求时机塑造人才

位于领导力职位上的人每日都在窃取他人对于自尊的渴望，而自己却毫无察觉。比如，有员工反映："我今天忙得不可开交。"而领导者却回应道："你忙？你应该看看我桌上堆放的那些文件！我自己都被压得快要窒息！"或者有人反映："我总共花了8个月的时间才将这个项目完成。"而领导者则这样回应道："是的，吉姆现在也完成了他的那个大项目。"

这样的领导者究竟在做什么？他们一点一点地吞噬着员工自尊的同时还在说："你可能自认为自己做得不错，但我要告诉你有人可能比你还要略胜一筹。"

明天你应该自我检查一下，看看到底自己有多少次是通过这样被人偷取自尊的方式来满足自己的自负感的。

J.C.斯蒂勒（J.C.Staehle）通过多年的分析发现，优秀的领导者总能够避免员工出现不安情绪的主要原因，包括（按重要程度排序）：

（1）未将功劳归功于有功者；
（2）未及时抚平不满情绪；
（3）不善于鼓励员工；
（4）在他人面前批判员工；
（5）不倾听员工的意见；
（6）不告知员工的进步；
（7）偏袒。

注意：以上每一点都是领导者损害员工自尊心的例证。

员工的成长是企业提升的最大潜力

通过对全美工人的调查显示，85%的员工表示他们可以加倍努力工作，而一半以上的人则称，只要他们愿意，就能创出双倍的成效。

无论是生产商、销售商还是服务行业，人才是企业最重要的资产。成败皆系于人才。在针对美国企业领导力的调查中发现，平均每位管理者都将工作时间的3/4用于处理人际关系。人才是多数企业中最大的一笔开支，也是最珍贵、最有价值的财富。企业的计划方案能否成功实施都取决于人才。

据威廉·博克（William J.H.Boetcker）所说，员工自己将他们这个群体分为四个等级：

（1）实际做的永远比吩咐的要少的人；

（2）仅完成本职工作的人；

（3）不用吩咐，主动完成工作的人；

（4）能激发别人工作的人。

这一切都取决于你。

正如美国作家爱默生所说："相信他人，他人才会给予你忠诚；尊重他人，他人才会展现出最好的一面。"

以下这段中国《道德经》中的内容也能启发你如何成为一名优秀的领导者。

太上，不知有之；

其次，亲而誉之；

其次，畏之；

其次，侮之。

信不足焉，有不信焉。

悠兮，其贵言。

功成事遂，百姓皆谓"我自然"。

第八章

领导力不可或缺的素养：愿景

罗伯特·格林里夫（Robert K.Greenleaf）在他的著作《仆人式领导》（*The Serve as Leader*）中提到："高瞻远瞩是领导者优于他人的地方。领导者若是目光短浅、缺乏远见，便只是徒有虚名了。这样的领导者无法'引导'他人，亦不具备高效解决问题的能力，更不会有长久的仕途。由于对可能发生的事没有预见性和疏于实施而导致很多领导者失策的例子已屡见不鲜。"

根据我过去20年的观察，所有杰出的领导者都对他们要达成的目标有明确的规划。这种远见是每一次努力背后的动力，也是解决所有问题过程中所需的力量源泉。拥有远见的领导者，不仅富有使命感，而且会将这种使命感传递给员工，使他们耳濡目染，共同迈向同一目标。集体利益高于一切，只有将个人私利搁置一旁，企业上下团结一致、齐心协力才能达成目标。因此，团结是实现目标的根本条件。即使时光飞逝，只有团结和卓识远见，才能使员工的士气不断腾飞、积极的事例不断发生、承诺的口号更加响亮。

相反，如果领导者没有上文所强调的远见性，那么员工的士气便会衰退，人人为己的打算便开始显现，最后企业产量不断下降，员工也会纷纷离散。

有人曾经问海伦·凯勒（Helen Keller）："比起生来失明，更恶劣的是什么？"她回答说："看见，却没有远见。"可悲的是，很多领导者处于企业领导地位却不具备应有的远见性。所有伟大的领导者都具备以下两点：知道自己去往何处；使他人信服且与之同行。他们就如验光技师办公室的参照标志："如果你看不清想看的东西，那么你就来对地方了。"本章将重点探讨领导者的远见和感染力。

> 所有伟大的领导者都具备以下两点：知道自己去往何处；使他人信服且与之同行。

"愿景"这个词在最近几年出现的频率较高。在所有管理层的研讨会上，首要任务就是做企业目标陈述报告。如果你无法将企业目标流利地背出，也没有将企业的目标愿景印在名片上，那么其他人则会认为你简直怪诞荒唐。

为何要如此急迫地制定企业的目标愿景？主要原因有以下两点：第一，愿景能使企业与众不同，团结一致。在当下竞争激烈的市场上，清晰的愿景能使企业在众多大声疾呼、招揽客户的声音中凸显出重要的位置，也是企业存在的真正理由；第二，愿景已取代原有的像盒子似的束缚员工主动性的管理手册，成为当下最新的控制工具。在一个推崇权力分散的时代，愿景是将每一个人团结、集中起来的关键。

愿景陈述

成就取决于见识。这主要与你的潜能有关。我经常问自己,是愿景成就了领导者,还是领导者造就了愿景?

我相信是愿景在先。我认识很多领导者,都因缺少愿景而丧失了领导力。看到别人怎么做,大家也会怎么做——这是世界上最好的激励法则。换句话说,也就是我们的视域决定了我们的行为。根据斯坦福研究机构的调查显示,我们所获取的信息中,89%来自视觉,10%来自听觉,剩下的1%来自于其他感官和途径。

换言之,人们的成长和发展主要依赖于视觉的刺激。只要再加上愿景,领导者就会有实现梦想的意愿和信心,且势头强劲。人们所要追随的是有梦想且有能力将梦想有效传达的领导者,而不是一个单纯的梦想。所以,起初虽是愿景成就了领导者,但随着愿景的实施和发展壮大,领导者必须紧跟情势,为追随着他的员工肩负起责任。

愿景的四个层次

(1)徘徊者:毫无愿景。

(2)跟随者:有愿景但从未追求。

(3)成就者:有愿景且付诸实现。

(4)领导者:有愿景,在实现的同时帮助他人创建愿景。

关于"成就取决于见识",休伯特·汉弗莱(Hubert H.

Humphrey）则是一个很好的例子。

1935年他在华盛顿旅行时，曾给妻子信中写过这样一段话："亲爱的，我料想，如果你我能专注投入，致力于更宏大的事业，那么有一天我们也会住在华盛顿，可能在政府机构任职、可能从事政治工作，也可能是为大众服务……哦，天哪，我渴望实现这个梦想，因此我会为之努力奋斗。"

视野决定愿景

下面将着重讨论看法和见解的问题。德国前总统康拉德·阿登纳（Konrad Adenauer）曾说过："我们同在一片蓝天下，却不可能拥有一样的视野。"

汽车天才亨利·福特曾构想过有关新型引擎的研发计划，也就是我们现在熟知的V-8发动机。福特热切地希望将他这个构想付诸实践，于是让员工开始绘制图表并交给机械工程师。

领导者无法将员工带向他们自身都无法到达的彼岸。有怎样的领导者就有怎样的员工。

但未曾料到，所有的机械工程师却一致认为，只会空想的福特竟对工程的基本原理毫不知晓。他需要有人轻轻地告诉他，他的梦想是不可能实现的。

而福特坚持道："无论如何，都要制造生产。"

他们回答："但这是不可能的。"

"着手开始吧，"福特强硬地说，"无论花多长时间，一定要把它制造出来，否则你们都不要休息。"

在之后的6个月里，他们在设计和绘画中不断尝试和更新，但始终毫无收获。又过了6个月，依旧没有一丝进展。年底，福特查看时，得到的结果依然是：不可能。但福特毫不松懈，告诉他们继续设计。同样，员工们仍旧迎难而上，终于打开了如何制造V-8发动机的设计思路。

亨利·福特和他的机械工程师们虽具备相当的能力，但视野和愿景却相差甚远。

威廉·巴克（William Barker）在他的著作《万能的救世主》（*A Savior for All Seasons*）中，讲到过这样一个故事。一名多年前来自美国东海岸的主教，到了西部一所很小的宗教学院。在院长家中用餐后，便宣称因为自然界的一切奥秘都已公之于天下，人类的科学发明即将终结，因此世界末日就要临近了。

那位年轻的院长则委婉地表达了他的不同观点，即新的发明和发现还会源源不断地出现。当主教生气地让他列举出一个新发明时，院长则肯定地回答道，他相信不到50年人类便能飞上天。

"荒谬至极！"气急败坏的主教对院长吼道，"只有天使才会飞！"

这位主教——莱特（Wright），有两个儿子，一个叫奥维尔（Orville），一个叫威尔伯（Wilbur）。很明显与他们的父亲有着迥然不同的视野。

这是为何呢？为什么在同一地区、同一时间的两个人看到的世界是如此的天差地别？很简单，我们看到的只是自己想要看到的世界，并非是世界原有的样子。每一位成功的领导者都了解这一点，因而才会不断问这样三个问题：其他人看到的是什么？为什么会那样？我怎样改变他们的看法？

愿景决定收获

以下这个较好的例子节选于路易斯·帕劳（Luis Palau）的著作《拥有伟大梦想》（*Dream Great Dreams*）。

不妨回味一下喝冰可乐时的绝妙口感和让人清爽提神的快感。世界上数以亿计的人之所以能享有这样的体验，都要归功于罗伯特·伍德拉夫（Robert Woodruff）。在他担任可口可乐公司董事长期间（1923—1955年），他曾胆识超群地宣布："不论他身在何处，也不论成本多少，我们要让每个人都喝到五美分的可口可乐。"第二次世界大战结束后，伍德拉夫就希望在他人生结束之前，完成"让世界上每个人都品尝到可口可乐"的计划。现在看来，罗伯特·伍德拉夫的确是有远见卓识的人。

经过翔实的规划和不懈的努力，伍德拉夫和他的同事让全世界跨入了可口可乐的时代。

当迪士尼世界乐园首次亮相时，华特·迪士尼（Walt Disney）先生已离开人世，他的夫人被邀请参加了盛大的开业典礼。当主持人说道："迪士尼夫人，我诚挚地希望华特先生能看到今天这一盛况。"迪士尼夫人起身说："会的，他一定会看到。"无论是华特·迪士尼、罗伯特·伍德拉夫，还是喜剧演员弗利普·威尔逊（Flip Wilson）都早已料到，愿景决定于你的成就！

至此，在继续讨论让个人拥有愿景之前，我不得不问这样一个问题："在我所在的这个世界，梦想会带来改变、会产生影响吗？"

鲍勃·比尔在他的著作《增强你的领导自信》（*Increasing Your Leadership Confidence*）中讲道："要记住成功者和失败者的不同心态。成功者专注于赢取——不是如何赢取，而是如何赢取更大的目标或利益。但是失败者并不专注于失去，他们只在乎所得！"你要不停地问自己，"生存、成功、意义，这三者孰轻孰重？"你的努力奋斗仅为生存吗？你梦想过成功吗？或者你真的想要与众不同和非凡的意义吗？

犹太人归主协会创办人摩西·罗森（Moishe Rosen）曾教授过的"一句话精神练习法"，对建立梦想非常有效。

如果我有＿＿＿＿＿＿＿＿＿＿＿＿＿＿＿＿＿，
我就会＿＿＿＿＿＿＿＿＿＿＿＿＿＿＿＿＿。

如果你已拥有一切你梦寐以求的东西——如充裕的时间、可观的财富、大量的信息、无数跟随你的员工……你将做什么？"你的梦想"才是这个问题的答案，达成梦想，并实现其价值。

在史努比漫画中有这样一个故事：

一天，露西和莱纳斯拿着一根"如愿骨"，想用它来许愿。露西向莱纳斯解释说，如果他得到的是这根"如愿骨"的多一半，那么他的愿望将会实现。莱纳斯说："我要将愿望大声地喊出来吗？"露西说："当然，如果你不大声喊出，愿望就无法实现。"随后，露西先许下了她的愿望："我想要四件新毛衣、一辆新自行车、一双新溜冰鞋、一条新裙子和一百美元。"轮到莱纳斯时，他说："我希望朋友们健康长寿、世界和平、医学研究有新进展。"听到莱纳斯的愿望后，露西立刻将"如愿骨"扔了出去，并说道："莱纳斯，这就是你的糟糕之处，总是将事情搞砸。"

让每个人拥有愿景

我的朋友里克·沃伦（Rick Warren）曾说过这样一个非常贴切的比喻："若想知道企业内的'温度'，只要将温度计放入领导者口中即可。"领导者无法将员工带向他们自身都无法到达的彼岸。因此，愿景的实现依旧集中在领导者身上，有怎样的领导者就有怎样的员工。员工只有紧跟领导者，才能找到愿景；而领导者只有先锁定愿景，才能拥有跟随者。

在全国举行领导力研讨班时，我曾被问到过很多问题。其中最常见的是"我如何为企业建立愿景？"这是个切中肯綮的问题。如果不能给出完满的答案，那么这位领导者也只是徒有虚名而已。虽然我最终无法直接给予你愿景，但我可以与你分享建立愿景过程中的点点滴滴。

自省：查看内心的想法

西奥多·赫斯伯格（Theodore Hesburgh）曾说："成为领导者的最本质条件就是要有目标，不能无目的地吹号。而且这个目标一定是你在任何场景下都能清晰表达、坚定不摧的。"通常在一个人缺少愿景（目标）或试图把他人的梦想作为目标时，才会出现这种"无目的的号角声"。唯有内心孕育着愿景的领导者才能吹出"铿锵有力的号角声"。因此，怀揣愿景的人和空想者具有鲜明的区别。

- 怀揣愿景的人说得很少，做得很多；空想者做得很少，说得很多。
- 怀揣愿景的人从内心的信仰中获得力量；空想者从外部条件中寻求力量。
- 怀揣愿景的人会冲破荆棘继续前行；空想者遇到困难，退缩不前。

很多伟人自幼生活贫困，出身卑微，缺乏教育，一生崎岖坎坷。例如，托马斯·爱迪生（Thomas Edison）曾是火车上的报童；安德鲁·卡内基刚开始工作时，每月工资只有4美元；约翰·洛克菲勒最初工作时每周仅赚6美元。最值得一提的是亚伯拉罕·林肯，人们敬佩他并不是因为他出生在一间木屋里，而是他如何从这间小木屋逐渐走向宽广的世界。

也许你无法想象，古希腊最伟大的雄辩家德摩斯梯尼（Demosthenes）居然天生口吃！他第一次尝试作公开演讲时，就被全场观众嘲笑蔑视，并轰下了演讲台。凯撒大帝（Julius Caesar）曾是癫痫患者。拿破仑出身卑下，天生愚钝（上军校时，他在65名学生中排名第46名）。贝多芬（Beethoven）、爱迪生失聪，查尔斯·狄更斯（Charles Dickens）和韩德尔（Handel）都是跛足，荷马（Homer）双目失明，柏拉图（Plato）驼背，沃尔特·司各特（Walter Scott）身体残疾……这样的事例数不胜数。

是什么让他们拥有韧劲，战胜挫折，取得成功？因为他们每个人都心存梦想，心中有一簇火焰永远燃烧，不曾熄灭。而这伟大的愿景就是他们内心的一点火星。拿破仑·希尔（Napoleon Hill）曾说过："珍视你的愿景和你的梦想，它们就像是你灵魂深处的小孩子，也是你最终取得成就的蓝图。"

回顾：检视所得经验

没有经验的人会用理想的眼光来看待愿景。对这样的人而言，只有愿景本身就已足够，而且他们还会很自然、很天真地将愿景示人，以为这样梦想就能实现，却没有意识到需要行为上的支持。但若是经验丰富的人，就会明白要先信任领导者，才能相信愿景。而富有经验的领导者也清楚人们都是变化无常的，愿景往往又是薄弱易碎的。因此，以往的经验给了我以下有关愿景的法则。

- 愿景的可信度取决于领导者的素养。
- 愿景的可接受度取决于它出现的时机。
- 愿景的价值度取决于它的方向和能量。
- 愿景的可评度取决于人们努力的程度。
- 愿景的成功取决于领导者和员工对它的拥有程度。

雅诗兰黛集团（Estee Lauder）董事长莱纳德·兰黛（Leonard Lauder）也说过："当一个经验丰富的人遇到一个家财万贯的人时，前者会收获财富，后者则会收获经验。"

环顾：留心周围的人和事

一个小男孩第一次参加交响音乐会时，被豪华的大厅、穿着华丽高雅的人们和动人的交响乐震撼了。在所有的乐器中，他最喜爱的是铙钹（cymbals）。虽然开场时的美妙嘹亮之声让他深深着迷，但他也注意到，当其他乐手在演奏时，只有铙钹演奏者一动不动地站在那里，虽只是偶尔敲打一下他的乐器，却能奏出令人惊叹的一击。

音乐会结束后，小男孩的父母带着他去后台拜见这些演奏家时，他迅速地找到了铙钹的演奏者，并诚恳地问："先生，请问演奏铙钹乐器前，须要了解哪些知识呢？"这位演奏家笑着回答道："你不必知道很多，只须要清楚该什么时候击打就行。"

只要能够运筹帷幄，准备充分，所有别出心裁的想法都能发挥出意想不到的力量。然而一个对员工没有耐心的领导者无疑是有缺陷的领导者。因此，领导者的实力并不表现在风驰电掣的前进步伐上，而是在保持领导地位的同时适时调整节奏，不放弃每一个落后的人。如果孤身一人跑得太远，那么就会丧失引领他人的权力和影响力。

展望：未来的蓝图

这个问题是领导者和管理者的分割线。领导者关心的是企业的基本目标——为何制定这样的愿景，要达到怎样的目标，而不是让一些具体的操作问题充溢在脑海中。

仰望：上帝对你的期待

理查德·戴（Richard E.Day）曾说："人类历史上的每一段辉煌时期，都得益于一些人的正直言行和奉献精神。并没有所谓的真正的群众运动，那些都只是表象而已。总有些人，知道上帝的期盼，也知道该向何处去。"

上帝赐予我潜能，我便以发挥潜能、释放能量予以回报。我相信，伟大的领导者都能感受到"更高期望"的召唤——这股力量能使他们超越自己。然而，如果攀爬至成功阶梯的顶端时，才发现曾经追求的并不是你想去的地方，那才是最可怕的浪费生命的事。只有雄伟的蓝图才能超越个人。以下是我对成功的定义：

> 感受上帝的召唤，并知晓他对我的期望；
> 不断扩展我的潜能；
> 为他人的发展播种有利的种子。

上帝赐予我潜能，我便以发挥潜能、释放能量予以回报。

探索：寻求有利资源

愿景不是只靠单个人的力量就能实现，而是须要集合所有人的丰富资源和才能。20世纪60年代，约翰·肯尼迪总统铸就美国人登陆月球的梦想时所作的演讲，我已读过很多遍，他慷慨激昂的演讲不仅捕捉了全美人民的眼球，而且还集聚了举国之力使之成为现实。

经验老练的领导者会不断地寻求合作者，共同致力于梦想的实现。筹集2500万美元是我为教会制定的最优先考虑的目标，但这一目标的实现须要寻找并借助合作者的力量才能完成。其次，则要凭借参与人员的努力程度来衡量这一目标的进展情况。领导者往往对其身边员工的努力程度踌躇迟疑，疏于检查。导致的结果便是他们永远无法清楚地掌握项目进展状况，永远不知道员工的努力程度。

我很清楚地记得,当我们第一次努力筹集到400万美元资金时,我对所有人员及其工作情况了如指掌。

领导者不断地将愿景传递给身边的同事,让他们了解愿景,而且如果能将它确切地表达,那么传播也会更快、更广。

在电影《创业先锋》(*Tucker: The Man and His Dream*)中,主人公——著名汽车发明家普雷斯顿·塔克(Preston Tucker)想拥有一辆全新的、便宜的且功能齐全的汽车,有燃料喷射器、新型的引擎、盘式制动器、全自动窗户、安全带和空气动力学的设计。最后塔克找到了犹太金融家阿贝·卡拉兹,请求他给予其新设计的汽车以资助,梦想才得以实现。

谁想直至多年后,阿贝才意识到,原来当时将母亲的提醒"别跟那些人走得太近,你会染上他们的坏毛病"误听成了"你会实现他的梦想",才帮助塔克实现了梦想。

企业拥有的愿景

愿景是领导者对其团队人员和工作情况的清晰认识。根据《领导力》(Leadership)杂志的调查显示，将愿景传达给员工是领导者在企业管理中最令人沮丧的一项工作。

曾经，我在一家脱口秀电台担任嘉宾。主持人在节目中间休息时向我哭诉了很多在传达愿景方面的挫败，他说："我有愿景，但却很难将它转达给我的员工。"但又一个事实无可否认：那些能将目标、愿景有效明确地传达给员工的领导者所获取的优势比其他领导者更大。他们的视域主要分为以下三个层次：

- 第一层次：洞察力。用真实的眼光查看事实。
- 第二层次：预见性。用洞察的眼光了解事情的发展。
- 第三层次：可行性。用卓识的眼光预料事情发展的可行性。

一个未来主义者只会停留在第三层次，一个预测者只会停留在第二层次，一个跟随者只会停留在第一层次。但所有杰出的领导者则是集这三者于一身，听取于跟随者，引领于预测者，真正留存于未来主义者。

例如，一家企业将更改企业名称设定为其目标。那么，杰出领导者通过高超的见识就能给出企业的新名称（第三层次）；凭借拥有洞察眼光的领导者则会推断出企业的趋势和倾向（第二层次）；

而一般的、只会用眼睛查看事实的领导者只能看到企业发展的大致方向（第一层次）。

令人出乎意料的是，愿景的铸就并非始于第三层次（宏伟蓝图），而是始于第一层次（短期目标），且只有当领导者的影响力扩展到第二层次（下一个目标）时，才能成功实现。

明确阻碍实现愿景的因素——第一层次

我们所观察到的世界，是我们自己臆想的世界，并非世界的真实本质。因此，当实现愿景的过程中出现阻碍时，往往都要归咎于人为因素。以下是阻碍企业实现愿景的十类人。

1.能力有限的领导者

一切成败皆系领导力。这句话已将愿景的铸就阐述得很明确了。能力有限的领导者不是缺少远见，就是缺乏成功传递愿景的能力。

法国总理曾说过："如果你要成就大事，就要吸引有王者风范的人。如果你只是做些琐碎之事，那么就只能招来无名小卒，而且还会引来重重麻烦。"过了一会儿，他停顿片刻后，悲痛地摇着头说道："我们现在就已被麻烦重重包围。"

2.现实的思想者

萧伯纳（George Bernard Shaw）曾说："很多人总是以现实的眼光看问题，然后又问'为什么'（刻板的思想者）；而我总是梦想着未发生的事，并且问'这是为什么呢'（思维活跃的思想者）。"

在史努比漫画中，查理·布朗在他的好朋友露西面前举起双手说："这是一双奇迹般的、能在未来成就宏图伟业的手！它们可以建造雄伟的桥梁，可以治愈病患，可以击出全垒打，也可以创作出振奋人心的小说！总之这是一双改变未来命运的手！"

一向客观现实的露西此时面无表情地回复道："但是你手上现在全是果冻。"

3.独断的言谈者

很多愿景无法实现，都要归结于人们的强硬武断。如果一个人对某事持武断肯定的态度，那么这个人对此事或是明察秋毫或是全然不知。但在大多数情况下，后者居多，独断者即使不了解任何细节还是会说些惯有言辞。例如，1899年美国专利局负责人查尔斯·迪尤尔（Charles H.Duell）断言："全世界的发明时代已告罄。"当然，如此妄下评论的人并非只有迪尤尔一个。美国前总统，格罗弗·克利夫兰（Grover Cleveland）于1905年声称："明白事理的、有责任感的女性是不会参加选举的。"1923年，诺贝尔物理学奖获得者罗伯特·密利根（Robert Miliken）也称道："人类不可能研究出原子能技术。"1885年，英国皇家协会（即英国科学院）前主席开尔文男爵（Lord Kelvin）曾宣称："不可能出现比空气重的飞行机器。"

棒球运动员特里斯·斯皮克（Tris Speaker）在1921年所说的这句话让我记忆犹新："美国职业棒球员贝比·鲁斯（Babe Ruth）放弃强打手的位置是个最大的错误。"

4.屡遭失败者

大多数人不仅总是念念不忘过去的失败，而且对于重新追求愿景也是忧心忡忡。正如他们的格言："如果第一次你没有取得成功，那么请毁掉你曾为之努力的所有证据。"因此，他们也摧毁了其他人重整旗鼓的勇气。

5.容易满足者

人们为获得舒适、可预见和安定的未来而不断奋斗,但是舒适却意味着满足于现状,可预见意味着冗长乏味,安定意味着不再有新的愿景。对于未孵出的知更鸟而言,最需要的便是温暖的鸟巢,但当它慢慢长出翅膀后,就须要去往更远的天空翱翔。正所谓"生于忧患,死于安乐",对我们人类也是如此。

《领导力》杂志中,曾刊登过林恩·安德森(Lynn Anderson)发表的一篇文章,描述了人们丧失愿景后的茫然无措。大约400年前,一群朝圣者来到了美洲海岸,带着美好的期望和勇气开始在这个新大陆上建立家园。第一年,他们建造了新城镇;第二年,人们选举产生了镇议会;第三年,政府提议向西修建一条5英里远的道路通往西部荒漠。然而到了第四年,人们认为修建这条通往森林的路毫无用途,浪费资金,便开始弹劾镇议会的这项提议。这使那些有远见的人们丧失了愿景。曾经能够横跨大洋的他们,如今却看不清也看不透5英里以外的目标。

6.执于传统的人

英国一向重视对人的保护。约翰·巴克(John F.Barker)在报纸《点名》(*Roll Call*)中报道过这样一个故事:不知是何原因,一名服务员每天都站在通往下议院的楼梯角处。后来,经人调查得知,在当初给这个楼梯刷漆时,这个服务员的祖父被分派到此工作——提醒客人当心未干的油漆。从那以后,这个服务员一家三代便都是如此。

一名英国记者了解此事后,评论道:"油漆终究会干,但工作从未停止。"

7.寻觅领导者的人

有些人从不愿意离开人群,他们总是期望停留在人群中,人云亦云，从不走出人群，也从不敢跨向前沿。

真正的领导者却只会存在于小众群体中，因为他们总是比大众群体思考得更长远。即使是大众群体能迎头赶上，这些领导者依然会继续向前，依然在小众群体中。

8.问题的感知者

有些人总是能感知到问题的所在。在一般情况下，当你的目光不再注视前方的目标时，问题或阻碍便会逐渐显现。有意思的是，这些人认为这种感知问题的能力是成熟的一种标志。其实恰恰相反，这是一种缺乏目标、愿景的表现。正是因为他们无法解决已出现的问题，才导致愿景中途夭折。

红衣主教约翰·亨利·纽曼（John Henry Newman）说过："如果一个人总是在坐等所有事情完美无缺、没有瑕疵后才开始规划未来的目标，那么他将注定一事无成。"

9.自牟私利者

那些只为一己之私的人只在乎蝇头小利，永远不会成就大事业。伟大的目标只有通过众人共同努力才能实现。自私自利的人则是愿景的破坏者。

10.失败的预报者

有些人厘不清状况，总是具备制造冲突和矛盾的能力，总是四处传播悲观的旋律。久而久之，这种阴影便在他们心里形成了这样的情境——未来永远灰暗，时机永远不适，资金永远短缺。在他们的世界里，事事不顺，事事无望。

这类人就如同在哈得孙河畔聚集观看第一艘轮船启航的人一样，有人总在说："这船启动不了，这船行驶不了。"但事与愿违，这艘轮船不仅能够启航，而且还在加速前进。这个人马上又说道：

"他们肯定没法让轮船停止,肯定停不下来。"

这让我想起了自己喜欢的一句中国谚语:己所不欲,勿施于人。

创造适宜的环境——第二层次

了解员工和他们生活的重心,有利于领导者进入第二层次,制定"下一个目标"。这也是领导者开始影响他人、带领他人拓展视野的根本条件。记住,如果只有领导者或少部分人能看到第三层次,那么也只有他们才知道引领他人视野的第二层次设立得是否正确。以下步骤是正确制定第二层次的要领。

1.与他们并肩工作

在传递你的愿景之前,让员工先感受到你的心意。员工不会在乎你知道多少,除非他们知道你有多关心他们。我再次强调:员工只有先接受领导者,才会接受他的愿景。须要培养双方的信任感,也需要诚实和耐心。开始向他们所看到的目标努力,去发现和寻找他们的梦想和心愿,并在企业愿景和员工个人目标之间搭建一座桥梁,使双方互惠互利。记住,如果你能帮助员工达成他们的愿望,他们也会同样助你实现目标。但只有在和他们形成牢固的合作关系后,才会促成这种双赢的局面。

2.帮助他们绘制蓝图

我曾经读到过这样一个故事。一位教师从未努力向学生解释过他的愿景,只是让学生站在一旁,自己揣摩。对我个人而言,我并非完全赞同这样的合作关系,但有一点可以确信,即杰出的领导者会通过为他人绘制蓝图来说明自己的愿景。美国现金出纳机公司(National Cash Register)创始人约翰·帕特森(John W. Patterson)

曾说："我已用尽一生的时间来让自己先有愿景，再带领他人与我同行。因为让他人明白你的目标是商业上取得成功的必要条件。愿景是我们共同的目标。从更广泛的意义上来讲，我就是一个可视化机器。"

每一个伟大的愿景都包含着以下核心因素，而且每一位伟大的领导者都会让员工理解、欣赏，并"看到"它们。

"地平线"，代表着眼界。领导者的眼界可以折射出员工能力的高低。每个人都可以自行决定他想要达到的高度，但你的责任依旧是在这"地平线"上绘出蓝天。保罗·哈维说过："盲人依靠他触摸到的范围来感知世界，无知的人依靠他的浅陋学识来认识世界，而一个伟大的人则是依靠他的广阔眼界来拥有世界。"

"太阳"，代表着温暖和希望。阳光给人们带来积极乐观的态度。而领导者最主要的责任便是让希望永远不要泯灭。拿破仑说过："领导者即是希望的行为者。"

"山脉"，代表着挑战。每个愿景都具有挑战性。宝丽来相机的发明者，埃德温·兰德（Edwin Land）曾说过："你所要做的第一件事就是，教别人感受到愿景虽重要但却望尘莫及。这样才能刺激人们勇攀高峰。"

"小鸟"，代表着自由和灵魂。目视雄鹰展翅飞翔，也会让你的灵魂随之翱翔。乔治·巴顿（George S.Patton）曾说过："战争中可能需要武器，但士兵与领导的精神和意志才是获得胜利的基本条件。"

"鲜花"，代表着心旷神怡。任何伟大愿景的实现旅程不仅是漫长的，而且是一个逐渐走向既定目标并寻求其价值的过程。它需要沿途的休憩，也需要一路上鲜花的芳香，让人气定神闲。

"道路"，代表着方向。人们需要方向的指引，需要有起点和道路。以前，有一位游客经过路途崎岖不平的村庄时，问他的印度导游："我们一路经过了这么多弯曲小路，你怎么没有迷路呢？"导游回答道："我不仅要近观，而且还要远眺。近观助我看清眼前的路，远眺时则依靠星星为我指明方向。"

"你自己"，代表着核心。永远不要忘记这幅画中你才是主角。这不仅能表现出你为实现愿景所作的承诺，而且还能体现出你与他人比肩工作的意愿。他们需要有人垂范才能跟随。正如沃伦·奥斯汀（Warren R.Austin）在《联合国世界》（*UN World*）中写的这样："如果你想让我有提升，必须要比我站得高看得远才行。"

为什么领导者绘制出的蓝图中要有这些要素呢？罗杰·冯·欧克（Roger von Oech）在他的创意思考书籍《在屁股上踢一脚》（*A Kick in the Seat of the Pants*）中给出了极好的答案。

> 看看你周围，找出含有蓝色的5件东西。去找吧！
>
> 如果你的心理定式里已有"蓝色"，那么猛然之间，它就会出现在你面前：桌子上的一本蓝色封面的书、沙发上的一个蓝色抱枕、墙上的蓝色图画……
>
> 同理，你买了一辆新车后，可能会发现这辆车的款式到处可见。因为人们寻求什么，就能发现什么。

领导者就是要帮助员工建立这样的敏感度，让他们拥有一双寻求自己目标的眼睛。如果这样的画面清晰不断地展现在眼前，很快人们也会开始学习如何将它与他们所做的每一项工作相互结合起来。这样就形成了"愿景定势"。剩下的唯一一件事就是：把愿景传递给其他人，让更多的人也拥有愿景。

3.将人们的期望绘入蓝图中

每个人都有自己喜爱的、期望的事物，把对于员工而言重要的事物绘入蓝图中，你才能成功地传递愿景。

二战期间，曾生产过大量的降落伞。从工人的角度来讲，这是一项单调乏味的工作。每天趴伏在缝纫机上8~10小时，无休止地缝制那些白色布条。结果，也就只是堆积成山的布条而已。然而，每天早晨都有人告诉这些工人，他们的每一针每一线都在拯救他人的生命。想想看，他们所缝制的降落伞也许会碰巧背在他们的丈夫、兄弟或儿子身上。

因此，即便工作再艰难，再冗长，祖国后方的工人们也会理解他们为更宏伟蓝图所作出的贡献。

为所有可能性放开眼界——第三层次

在这一层次上，我们将要探讨的是如何让人们拥有能力达成愿景。这是领导者不断要做的一项工作，一旦让员工理解明白愿景后，就要开始培养他们实现愿景的能力。

处在这一层次的领导者须要采取以下步骤。首先，要找到优秀人才加入团队，而这些人才则要具备以下素质。

- 不但不会反对和拒绝，而且还会击溃它们。
- 总能考虑到事情的"底线"。
- 集中注意力于自己手头的工作上。
- 不迷信，只相信"生活就是如此"。
- 拒绝将失败和自我价值视为等同。
- 不会只限定在固有的思维模式中。
- 拥有远大志向。
- 以乐观向上的态度迎接挑战。
- 不会在毫无结果的想法上浪费时间。

一旦有这样的优秀人才加入团队，那么他们就是企业的中流砥柱。基于这一点，领导者就要投入时间与他们交流、相处，发掘他们生活中的主要需求。最关键的是，要帮助他们渡过个人难关，为他们的成长提供时间和空间，为他们的工作和生活增加价值，协助他们挖掘自身的实力，使他们在企业中有稳固的地位。

除此之外，给予他们指导也是领导者的重要工作之一。让他们多接触经典著作（过去和现在的），参与重大场合，多与重要人士见面、讨论。他们应从你身上吸取经验和精辟见解，期望追随你的兴趣和愿景，用以建立对双方都有利的合作关系。这样一来，你就会发现这些优秀的人才自然会将你的愿景传承、传递给他人和企业。

第三层次的领导者成功与否也要看以下三个层面。

（1）感知层面：现在所看到的情况——现实的眼睛。领导者在这一层面上要倾听。

（2）预测层面：将来要看到的情况——洞察的眼睛。领导者在这一层面上要带领。

（3）可行性层面：能够看到的情况——卓识的眼睛。领导者在这一层次要留存。

愿景将赋予领导者力量。拥有愿景的领导者相信，他的预想不仅能实现，而且必须实现。以前针对被关进纳粹集中营里那些不卑不亢的受害者，做过一项共同特征的调查，其结果可以在维克多·弗兰克的话中得出。维克多·弗兰克在被关进纳粹集中营之前是一位优秀的精神病学家。多年后，他在一次演讲中说道：

> 今天我能重新站在这里只有一个原因，是你们，是你们让我活了下来。即使有人放弃希望，但我依旧梦想着，有一天站在这里，告诉你们，我——维克多·弗兰克是怎样从纳粹集中营生还的。过去我从未来过这里，从未见过

你们,也从未在这里做过这样的演讲。但是,在梦里,我早已站在你们面前,不止一次地说过这样的话了。

这正是愿景改变了他的命运!我想,除了这首年轻时读过的诗以外,再没有其他语句能更贴切地表达我的思想。

啊,信仰梦想是多么美好,
犹如年少时仰望的闪闪繁星。
心有所愿,行而成立,
幸之,
此生无憾。

所以,真正的领导者为了他人和自己都会这样做。

第九章
领导力的标签：自律

阅读伟人生平后，我才发现他们所取得的第一次胜利都是从战胜自己开始的……自律是迈向成功的第一步。

"自控"这个词来源于希腊语中的词"紧握、抓紧"，它描述了人们想要掌控自己的生活，想要控制影响他们成败的重要领域。

亚里士多德则用这个词形容"通过理性来检测欲望的能力，坚决果断地预先阻止其自行表露……"他解释道，缺乏自控能力的人拥有强烈的欲望，这种欲望会诱使他们失去理性；只有不断控制欲念，才能走向真正的成功。

在曾经的一次领导力研讨班上，我将生命之始的自律定义为抉择——通过强迫自己做本不愿做的事，来获取自己真正想要的。这样顺利地做几次后，自律就会变成抉择，通过"不想做的事情"得到"真正想要的"。我由衷地相信，只要长期实践，我们就能够自制，能够约束自己，并且享受这一过程。

所有伟大的领导者都懂得，他们的首要责任就是自律和个人成长。如果他们不能严于律己，就无法领导他人。领导者永远无法带领他人超越他们自己已到过的地方，因为他如果不亲身经历，就无法独自前行，就无法走得更远。优秀的人才将引领优秀的企业，但只有当领导者为此"付出代价"，才有可能促使企业的发展。许多拥有潜在天赋的领导者半途而废后，才发现走捷径永远无法得益于长远利益。

埃德温·马卡姆（Edwin Markham）的这首诗则对人的价值有很好的探讨。

我们的双眼一直被蒙蔽着,
直至开悟。
如果不锤炼出真正的人格,
人生价值便无从谈起。
如果每个人都茫然无目的,
即使城市装点得如此绚烂,
又有何意义?
我们的世界是一片废墟,
除非你我不断成长、壮大。

培养自律的过程

有一次，普鲁士国王腓特烈大帝（Frederick the Great of Prussia）正在柏林市郊散步，遇到了一位迎面走来的老人。

"你是谁？"腓特烈问道。

"国王。"老人回答道。

"你是国王？"腓特烈笑着说，"你统治哪个王国？"

"我自己。"老人骄傲地回答。

"统治"你自己需要严格自律。

从自我开始

曾有记者问过福音传道者穆迪（D.L.Moody），哪些人是让他最困扰的。他马上回答道："任何人都没有穆迪给我制造的麻烦多。"编剧萨莫尔·霍芬斯蒂安（Samuel Hoffenstein）也这样说过："无论我走到哪里，总是因为自己而破坏了一切。"杰克·帕尔（Jack Paar）的经典名言则是："回首过往，我的生活似乎是一条漫长的充满重重障碍的道路，而我自己却是其中最主要的障碍。"

> 只有亲身经历，才会走得更远。

根据我的观察,很多有潜力的领导者最后以失败告终都源于内因,而非外因。每个月我都会为员工教授领导力课程,课堂录音随后也会发送到全国各地。最近,我正在上的一堂课是"如何走出自己的路"。这一主题引起了巨大反响,很多听者都说:"这堂课是我人生中最需要的一堂课,因为最糟糕的问题就是我自己!"大家可以结合我在一间办公室中看到的这句话,仔细想想看:"如果你能把给你制造麻烦的那个人踢走,你也就不会连着几个星期一直坐在这里苦恼了。"

> 愚蠢的人,总想征服世界;唯有智慧的人,才会想着如何征服自己。

你的竞争者

我曾遇到过一个对手,总想认清他的样子。

无论我之前去往何处,他总在我看不见的地方跟着我,阻碍我的计划,阻挡我的目标,阻止我的去路。

当我为崇高的目标再次辛苦筹划时,

他冷酷地对我说,不!

一天夜里,我终于抓住了他,很快地抓住了他,并摘下他的面具,

我终究看清了他的脸,那是……我自己。

愚蠢的人,总想征服世界;唯有智慧的人,才会想着如何征服自己。

尽早开始

所有教育中,最有价值的结果莫过于在你应该做某事的时候,却让你去做那些所谓的"必做之事"。无论你喜欢与否,这是所有课程开始的第一堂课,然而对于提早接受教育的人而言,这也是学得最彻底的最后一堂课。

我的父母以身作则,并坚持要让他们的三个孩子无论在任何场合,都要遵守这样的生活准则——合理安排时间,努力工作,坚持不懈,诚实守信,有责任心和积极乐观。虽然我不是完全欣赏这样的培养方式,但直到上了大学看到很多同学在自己生活和学习上都缺乏自控能力时,我才意识到这些早已成为习惯的生活准则带给我的真正含义,也让我在这方面有了显著的优势。事实上,如果你能使自己在正确的时候做你应该做的事,那么终有一天,你也能享受到这其中的自由。所谓辛苦的工作,就是所有你应该做而没有做的简单之事的积累。

> 所谓辛苦的工作,就是所有你应该做而没有做的简单之事的积累。

从小事做起

今天的你,决定未来的你。从今天的小事开始培养自律,是为了明天能够拥有成就大事的自律。

今天的你，决定未来的你。

改变未来的细小计划

（1）列出你生活中缺乏自律的五个方面。

（2）根据你克服它们的优先顺序进行排列。

（3）开始，每次只克服一个方面。

（4）像书或磁带这样的可靠资源，能够在克服其他方面的问题时给你指导和动力。

（5）寻找一个你想作为模仿对象的人来效仿，并让他监督你。

（6）每天早上花15分钟的时间集中注意力，用以控制自律薄弱点。

（7）中午进行一次5分钟的自我检查。

（8）晚上花5分钟时间评估你的进展情况。

（9）在这一方面进行6天的训练后再继续下一个方面。

（10）和监督你的人一起为你取得的进步而鼓掌。

记住，这个计划并不是轻而易举就能完成的。要从小事开始着手，每天都要集中注意力。所谓"不积小流，无以成江海"也正是这个意思。本·富兰克林曾说过："控制最初的欲望，比满足最初欲望而来的无穷欲望要容易。"

从现在开始

约翰·汉考克·菲尔德（John Hancock Field）曾说过："每一位值得尊敬的人都拥有深刻的思想、创新的构想和美好的意愿，但他们中只有极少数人能将这些构想转化为行动。"

1976年，印第安大学篮球队曾在整个常规赛赛季上连连获得NCAA（美国全国大学生体育协会）的冠军，而这一切都要归功于球队的那位备受争议的、富有想象力的教练——博比·奈特（Bobby Knight）。赛后不久，教练奈特便接受了新闻节目《60分钟时事杂志》（*60 Minutes*）的采访。主持人问他："博比，为什么你带领的篮球队能在印第安屡次获胜？是因为球员的求胜意志吗？"

奈特回答道："虽然有取胜的意志非常重要，但更重要的是，全心全意准备迎接比赛的意志和每天坚持刻苦训练提升技能的意志！"

亚伯拉罕·林肯曾经说过："我要常备不懈，随时等待机会降临。"而我们却总是在机会擦肩而过后，才意识到自己准备不足。史努比漫画中的主人公查理·布朗因为错过了所有的排练而导致他的生活杂乱一团。在你成为真正的明星前，必须要从此时此刻开始积累。

让你的生活条理井然

米尔恩（A.A.Milne）说的这句话很有道理："生活杂乱无章的一大好处便是总有惊人的发现。"但通常都会因为迟于发现，而错失机会的来临。那么作为领导者的你则会被认为是"失控"，进而会导致在跟随者中无安全感和不可靠性。

如果你条理清晰，则会带给你特别的力量，甚至连走路时都会带有很强的目的性。你对所要做的事有条不紊，能够精心娴熟地安排复杂事宜，而且使每一项之间的承接都能周密细致。为了获取成功，你整天精力充沛，人们也会相信你的所有承诺，因为你总是言出必行。当你参加会议时，因为有足够的准备，所以无论遇到任何难题都能一一化解，从容应对。最后，需要出手时，你便能展示出胜利者的风采。

《小熊维尼》（*Winnie the Pooh*）中的克里斯托弗·罗宾（Christopher Robin）对条理也有不错的定义："条理是你做其他事情之前的有序安排，以便做事时不会混为一团。"

以下是我对个人条理的十点体会。

1.设定你的先后次序

有两件事情是人们很难做到的。第一件是按照事情的重要程度来进行，第二件是继续按照事情的重要度进行。威廉·格莱斯顿（William Gladstone）曾说："智者，不会在不适于他的事情上虚度光阴，而是在所有擅长的领域里，挑选出最擅长的一项并将其做到极致，才可谓是高明的智者。"

例如在领导力研讨班上作演讲这样重要的事，我早已在一两年前就安排好了。而每个月的最后一个星期，我都会花两小时的时间来规划未来30天的工作，并根据事情的重要度和所需时间列出计划。这也变成了帮助我"保持正轨"的标尺。分配的每一项任务在预定时间内完成后，我都会将它从清单中删除。

2.在日历上标注优先次序

一旦在纸上列出工作清单，我就会递给助手让他在日历上标注清楚。这会让我每日免受外界压力和干扰，也能使我对那些帮助我"保持正轨"的人负责。

3.给意料之外的事留些时间

你的工作性质将决定你为意料之外的事留出的时间。例如,你与他人联系得越紧密,你就会专门为此留出更多的时间。我每周都会留出半天的时间来处理所有计划之外的事。

4.每次只做一件事

一位优秀的将领一次只会在一个前线作战,这对领导者也同样适用。那种头脑被淹没的感觉都是因为太多工作分散了你的注意力所致。我多年来一直遵循着这个简单的步骤:

逐条记录须要完成的事;
根据重要度,先后排序;
厘清每件事的条理;
每次只重点解决一个问题。

5.规划工作空间

我的工作空间分成了两个区域:管理区和创作区。管理区主要包括一间小型会议室、我的办公桌和私人助理的办公桌,而且日历、电脑和重要文件的有效管理让我能够迅速快捷地和主要人员讨论细节问题。创作区则是特别规划的,里面有我的私人书籍、复印机和手写稿。创作区通常不准员工进入,因为这是我思考、阅读和写作的地方。

6.根据性情工作

如果你习惯早晨工作,那么就把最重要的事情安排在早上;而如果你的工作状态是在下午或其他晚些时候,则恰好相反。但是要确保你的性情不能在你工作最有效时干扰你。

7.驾驶之余,工作放松两不误

在我16岁获得驾照的那年,父亲给了我一些有益的建议。他在汽车仪表板旁的储物箱里放了一本书,并对我说:"儿子,车里永远要放本书才好,这样在路上交通堵塞时,就可以随时随地拿出来阅读了。"我的车里还放了很多磁带和一个随时可以记录想法的笔记本,另外还有一个免提式电话,它能让我在路上与员工取得联系。最近,我在开车时就打了21个电话,有效地节省了工作时间。很多时候,我都会带着同事或员工在车上讨论问题,顺便也能增进彼此的关系。根据我的估计,只要能充分利用在车上的时间,那么平均每个人每周能额外获得8小时的工作时间。

8.提升自己的工作硬件设施

鲍勃·比尔说过:"从工作清单到日历,再到图书馆和电脑,办公系统都是你的助手。它们让你的工作快捷高效,而且改善办公系统能让你降低时间成本的同时提高工作效益。"因此,一定要提高办公系统的使用价值。

9.会议间的几分钟也要充分利用

每一分每一秒的充分利用都能够节约出更多时间。诸如回电话、回复或发送备忘录、浏览报告、写感谢信、交流分享等这些费时较短的事我都会列成清单,随身携带,随时完成。因此,这些零碎小事在空隙之间便可解决。

10.注重结果,忽略行动

记得彼得·德鲁克曾对效率(正确地做事)和效力(做正确的事)下的定义吗?当你的时间投入到个人规划和做事条理上时,就要确保将你的注意力集中在正确的事情上,即做那些真正重要的事情。那么就用以下基本原则来筹划你的整个工作策略吧：

将80%的时间用在你擅长的领域上；
将15%的时间用在学习知识、技巧和经验上；
将5%的时间用在你的薄弱环节上。

欢迎责任

温斯顿·丘吉尔曾说过："高尚、伟大的代价是责任。"遵循以下原则你才能提高承担责任的能力。

1.对你自己负责

我个人很赞同这句话。同时，我也希望你能认真地思考一下，这位专注于研究底层人民的心理学家所作的调查。

他曾去拜访过一所监狱里不同的罪犯，并询问了这些罪犯被关在这里的缘由，虽对答案早有预料但却仍然出乎他的意料。其中很多答案是"我是被陷害的""有人合伙对付我""我是被冤枉的"等。让他很不解的是为何其他地方的"无辜者"都没有这里的多！

这让我想起了亚伯拉罕·林肯的故事。一名杀害了自己父母的男子在接受判决前，跪在地上祈求林肯总统的宽恕，因为他现在已成了孤儿！但政治家林肯却对法官说："尊敬的法官大人，这并不是我的过错。如果不是人们推选我为总统，我便不会履行总统的所有职责！"

2.对你所做之事负责

能够勇于承担责任、正确跟进并完成工作的人已少之又少。但如果有半成品的工作不断分配给你，需要检查、核实、编辑和完善时，那么很显然就会有人松懈责任感。

> 我始终只是一个人，
> 但至少还有我自己。
> 虽无法事事为之，
> 但仍有可用之处。
> 因为我并非万能，
> 所以我不会拒绝能做之事。

3.对已接手的事负责

小约翰·洛克菲勒曾说:"我坚信每一项权利都伴随着一种职责,每一个机会都伴随着一种义务,每一种拥有都伴随着一种责任。"同样,温斯顿·丘吉尔也说过:"只有我们自己竭尽全力是不够的,有时还必须做他人所要求的事。"甚至连耶稣也说:"凡得到多者,须付出更高的代价。"(《圣经·路加福音》12:48)

4.对你领导的人负责

除非履行职责,否则伟大的领导者永远不会将自己凌驾于跟随者之上。

> 除非履行职责,否则伟大的领导者永远不会将自己凌驾于跟随者之上。

原密歇根橄榄球队传奇教练薄·辛巴克勒(Bo Schembechler)曾讲过在1970年赛季第三场比赛时所发生的故事。当时他所任教的密歇根狼獾队正在与得州农工大学队交战,无法展开进攻。但没过一会儿,他们的前锋丹·迪多夫(Dan Dierdorf)——可能是当时全国

最优秀的运动员，再也无法忍受球队如此糟糕的表现，便急忙冲到边线对教练吼道："听着，教练！让他们把球传过来！传给我！"其他球员便照这样做了，最后密歇根狼獾队连续六次展开攻势，突破对方防守，进球得分，赢得了这场比赛。

当比赛还在进行中时，伟大的领导者总要担负起责任，带领团队迈向胜利。这是我最喜欢的一个有关"承担责任"的故事。

还有另外一则故事。狗粮公司的销售经理问他的售货员是否喜欢公司的最新广告策略。"很精彩！这是这个行业里最好的。"售货员们都纷纷回应道。

"你们认为最新的标签和包装怎么样？"

"很精彩！这是这个行业里最好的。"售货员们回答说。

"我们的销售团队怎么样？"

他们自己就是这个销售队伍中的成员，他们必须承认自己是最优秀的。"好吧，"经理说，"我们拥有最好的标签、最好看的包装和这个行业里最棒的销售人员所做的最好的广告营销策略，那么请告诉我，为何我们在行业内的排名是第17位？"

一阵沉默后，有人说道："只能怪那些糟糕的狗，不吃我们的狗粮！"

接受责任

柏拉图曾说过："未曾经过审视的人生是不值得活下去的。"由于领导者的生活中总是充斥着成功和权力所带来的荣耀，因此对他人的责任也随之从思考和自省中挤压了出去，自己的公众形象也日渐衰落。为什么会这样？

人人生来无法应对不受制衡的权力

亚伯拉罕·林肯说过:"几乎所有的人都可以抵抗住灾难,但如果你想测试一个人的品格,那么就给予他权力。"权力好比一条长河,平时看似美观又平静,一旦泛滥便会摧毁一切。事实上,权力的危险性往往在于,那些被赋予者为了肆无忌惮地保存自己的势力而想尽办法反对阻碍和影响他们的力量。然而,历史的经验告诉我们,权力会导致权力的滥用,而滥用的权力则会致使权力的丧失。

1989年,老布什(George Bush)在他的就职演讲中祈祷:"我们被赋予的权力不是要达到自身目的,不是向世界炫耀,也不是获取虚名,而是要服务于民。"

领导者易脱离群众

富兰克林·罗斯福总统去世后,接替总统的哈里·杜鲁门(Harry Truman)得到了国会议长山姆·雷伯恩(Sam Rayburn)慈父般的忠告:"从现在起,你身边的人会使尽浑身解数将你与其他人和其他各种观点隔离开。他们只会一味地灌输给你说,哈里,你很了不起。但你我都清楚,事实并非如此。"

休伯特·汉弗莱说过:"在这个国家或任何其他国家,在没有政党、首席执行官、内阁,也没有立法机构的情况下,能够免于不断曝光通报的公众批判而进行的统治才是最智慧的。"这句话对每一位处在领导者职位上的人来说是受益匪浅的。

培养个人品行——诚信

《领导力档案》（*Profiles of Leadership*）一书中揭示了美国商界顶尖人士和政府领导者，对于"哪种品行对领导者的成功而言最重要"这一问题所给出的一致答案是：诚信。

根据最近对1300名企业高级管理人员的调查显示，他们认为诚信是商业成功人士的必备素养。71%的人将"诚信"列入16项培训领导者效力的首位。字典中对于"诚信"的解释是"完整、统一的状态"。当人们拥有诚信时，无论身处何地，无论他们是谁或与谁在一起，他们就会言行如一。诚信之人不会口是心非，也不会矫饰伪善。他们自身是"完整的"，他们的生活是"融洽和谐的"。他们没有隐藏，没有惧怕，犹如一本被打开的书一样清晰、透明。

而拥有诚信的领导者每天必须要通过实实在在的方式将诚信展示给人们。以下是我努力展示诚信的五种方式。

1. 身体力行，言行如一

决定成为怎样的人远比决定做什么事更重要。我们总是在问年轻人："你长大后，想要做什么？"但相比而言，"你想要成为怎样一个人"才是更重要的问题。在你选择职业前，就应对品格清晰定型。

在我担任领导者之初，就已将霍华德·沃尔特的这首诗作为我的人生信条。

品格

我会真实，因为有信任我的他们；
我会纯粹，因为有在乎我的他们；

我会强大，因为有饱受痛苦的他们；

我会勇敢，因为有更多的挑战；

我会成为所有人的朋友，无论是敌人还是举目无亲的人；

我会只求付出，不图回报；

我会谦逊，因为我自叹不如；

我会仰天大笑，爱护他人，鼓舞振作。

2.言出必行

如果我对下属、同事或上级领导作出承诺，我就一定会履行承诺。北卡罗来纳州的格林斯博罗领导力中心公开了一份有关21名高潜质企业管理者被撤职或被迫提早退休的调查报告，结果显示，他们普遍存在一种品格缺陷或致使他们失败的无法饶恕的错误——不守信用。也就是说，背叛承诺。

3.与他人坦诚相待

如果与我共事的人一旦发现我歪曲事实或掩盖问题，那么我的信誉会即刻丧失，而且很难再弥补。

曾在宝洁和美国宇航局中推行过"真相管理"策略的著名心理学家威廉·舒尔茨博士（Dr.William Schuitz）相信，提高生产力的关键因素在于"如何让员工更好地合作"，而且他还坚信没有什么能比相互间的信任和诚实更能让员工团结协作。同时，他还说："如果企业内的员工都能坦诚相待、开诚布公的话，那么他们问题中的80%~90%都会云消雾散。"信任和诚实意味着人与人之间的深远合作，共同繁荣昌盛。

4.他人利益先于我的利益

必须将我所领导的企业和员工的利益放在第一位。当我把企业利益放在我的利益之上时，是向雇用方展示了我的气节品行；当我把员工的利益放在我的利益之上时，便得到了友谊和忠诚。下图是我不断尝试所要达到的领导力金字塔示意图。

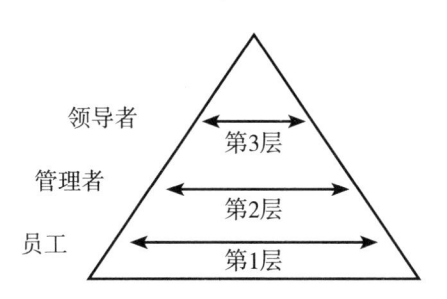

```
领导者         ←第3层→
管理者      ←——第2层——→
员工     ←————第1层————→
```

一个人在企业中的职位越高，所拥有的个人选择和个人权利就越少。

5.保持透明和脆弱

很久之前，我就意识到工作中和他人相处有两种方式：敞开双臂接纳他人或拒绝他人。两种方式各有利弊，如果我选择拒绝与他人相处，那么我自己就不会受到伤害，同时也不会得到任何的帮助和支持；如果我选择接纳他人与他人和睦相处，那么他人一定会伸出援助之手，虽然有时会伤害到自己。所以我最终还是会选择第二种方式。对他人敞开双臂，与他们一同享受这段旅程的同时，我能给予他们最好的礼物不是一份工作，而是我自己，坦诚真实的自己。真正的领导者皆是如此。

先努力，后安逸

每个人面前都有两条路可选：要么先享受安逸后努力工作，要么先努力工作后享受安逸。无论怎样抉择，有一点是肯定的，那就是生活终究是要付出代价的。

我的父亲每个星期都会给我教授人生的重要法则，这些法则使我受益匪浅。在我的日常生活中，我通常都会将下个星期要做的家庭杂务列出清单。虽有些家务任何时候干都可以，但我的计划是周六中午就要全部完成。这样的话，就可以多一些和家人玩乐的时间。如果不能按时完成，就只能待在家里继续干活。有几次超过了期限后，我才意识到应尽量早些赶完，不要拖延。

我现在也将这堂对我意义非凡的人生课教给了我的两个孩子：伊丽莎白和乔尔·波特。我也希望他们能明白，生活不是"免费的午餐"，也不是轻而易举就能得到的礼物，而是须要努力付出，不断投资的。他们能越早地学会控制内心欲望，顺从生活的要求，就越能拥有更多的成功。约翰·福斯特（John Foster）曾说过："一个品格没有成型的人，永远都不独立，不属于他自己，无法抵制外界的诱惑。"我的朋友比尔·克拉森（Bill Klassen）经常提醒我："懂得先苦后甜，才不会付出更大的代价！"

文斯·隆巴迪（Vince Lombardi）曾说过这样的话，"我从未遇到过一个长途跋涉的人会在内心深处藐视准则。""我深信，一个人最光辉的时刻，就是为了所珍视的神圣目标呕心沥血、用尽精力，最终抵达胜利的时刻。"

勿受情绪牵制，将品格的力量作为内驱力

世界上所有颇具意义的事都是由忙碌之人或饱受苦难之人完成的！罗伯特·桑顿·亨德森（Robert Thornton Henderson）曾说过："在成长或发展的规则中几乎不会有完美悠然的环境。在这个国家中，90%的伟业都是由那些命途多舛的人所创造的。"

虽然我们所做的事并不尽如人愿，但它们却是我们自身成长和

成功过程中所必需的。约翰·卢瑟（John Luther）曾这样说过："世界上从来都不会出现完美的工作。你在任何职位上都会体会到它繁重和艰巨的职责。"成功不仅取决于你在自己擅长领域内表现得多么突出优秀，更取决于你如何尽职尽责地完成你不擅长、不喜欢的工作。

> 成功不仅取决于你在自己擅长领域内表现得多么突出优秀，更取决于你如何尽职尽责地完成你不擅长、不喜欢的工作。

世界著名男高音歌唱家帕瓦罗蒂（Luciano Pavarotti）就是这样一个例子。别人总是赞赏他是"新一代的卡鲁索"。在一次采访中，这位有着6英尺高、300磅重的男高音歌唱家反问道："你知道成为一名歌手最大的困难是什么吗？是你要将生活中的每一分每一秒都倾注到歌唱中，无一例外。例如，下雨时，不能出门；每天规定要吃这个、要做这个，每天睡眠要保证10小时。生活完全没有个人自由，你不能去骑马，也不能去游泳。"

成功人士愿意去做那些失败人士所不愿做的事。据我观察，其中最关键的一点是，成功人士从不受情绪牵制，能够将品格的力量作为内驱力。以下是受情绪牵制的人和靠品格推动的人之间的差别。

靠品格推动的人：	受情绪牵制的人：
先做正确的事，	先寻求好的感觉，
才有良好的感觉	再做正确的事
被承诺驱使	被个人便利驱使
依照原则作决定	依照受欢迎度作决定
行动控制态度	态度控制行动
先相信，再查看	先查看，再相信
营造势头	等待势头
自问："我的责任是什么？"	自问："我的权利是什么？"
迎难而上	逃避困难
沉着镇定	情绪起伏
领导者	跟随者

路易斯·拉摩（Louis L'Amour）是畅销书作者中的常青树之一，目前全世界销量近2.3亿本，而且还有100多本畅销书仍在不断印刷出版中。当被问到写作风格的问题时，他回答道："着手开始写，不要管其他。只有打开水龙头，水才能不断地流出来。"

生活中也同样如此。有时，我们需要的仅是做一件事、帮助一个人。有时，只要付诸实践，就能释放内在潜藏的能量。我们都可以把这句话当作我们的人生座右铭：只有打开龙头，水才能不断地流出来。

优秀的品格远比杰出的才华更值得赞扬。从某种意义上讲，许多天赋才华都是被赋予的。然而优秀的品格却不然，它可以通过思想、抉择、勇气和决心等一点一滴塑造而成。唯有自律的生活方式才能获得优秀的品格。

史蒂芬·柯维（Stephen Covey）曾这样说过：

如果我试图利用影响力策略和技巧来让他人为我做事，努力工作，充满积极性，相互尊重——而我的品格本身却存在缺陷、虚假伪善、口是心非，那么不久的将来，我必然会失败。这种性格的两面性会导致他人对我产生不信任感，我所做的每一件事都会以所谓的"良好的人际关系技巧"为标榜，被他人视为有心计的操纵。

无论多么华丽的辞藻或多么善意的初衷，都无法改变这个事实:失去信任就意味着永远地失去了成功的基石。只要有发自内心的善良，才会发现生命的美好其实只与你相隔须臾。

第十章
领导力最重要的一课：人的发展

员工的成长和发展是对领导力的最高要求。在第七章已强调过员工的发展和成长的重要性，本章将集中探讨员工的发展。当然，仅用一章的篇幅是无法深入讲解这一重要主题的，本书的目的在于帮助你构建领导力的基础。因此，我只会重点探讨一些基本要素，望能帮助你开发自身的领导者潜力。当然，我的另一本书《中层领导力：团队建设篇》中，详述如何挖掘你周围的领导者。

当迈入不惑之年时，我便开始检视自己的前半生，并列出了过去常常做的所有事情，包括：

担任3500人参加的教会的资深牧师；

督促和帮助了13位牧师的成长；

创立音久集团（Injoy），为成千上万的人开发领导力学习资源；

为国内和国际的演讲作日程安排，每年演讲平均超过400场；

每个月为音久生活俱乐部会员提供领导力课程的磁带；

每18个月出版一本书；

进修一个学位；

最重要的事——抽出足够多的时间陪伴妻子玛格丽特，以及两个孩子，伊丽莎白和乔尔·波特。

列出这个清单后，我得出了一个双重性结论：我没有更多的时间，因此，我无法更努力地工作；我未来的发展将取决于与他人的合作能力。

这两个事实让我领会到了领导力的最重要的一课。

与领导者最接近的人将决定领导者取得成功的高度

尼古拉·马基雅维利（Niccolo Machiavelli）说过："衡量统治者智慧的第一准则就是观察他周围的人。"我不太确定这是否是一个有关IQ的问题，但我可以肯定这是领导力的一个检测。不断自我进取的、引领企业进步的领导者将会影响更多的人，会培养出一个出色的团队。员工越优秀，领导者更胜一筹。安德鲁·卡内基曾说："当你意识到与孤身一人奋战相比，有其他人的帮助更能将工作做好时，标志着你的个人发展也向前迈进了一大步。"

假设团队中有5个人，每个人的潜能都是1，则整个团队的潜能为：$1 \times 1 \times 1 \times 1 \times 1 = 1$。若每个人的潜能增长25%，即为1.25，那么整个团队的潜能增长为：$1.25 \times 1.25 \times 1.25 \times 1.25 \times 1.25 = 3.05$，增长率为205%。

如果一个伟大的领导者培养出个人不断增值的团队，会有怎样的结果？领导者的影响力和效力则会成倍增长（通过与团队合作）而不是缓慢增加（通过自己工作）。美国作家爱默生认为："对人生而言，最美丽的补偿之一就是在愿意真心帮助他人的同时也帮助了自己。"

Altos服务器的创始人兼首席执行官大卫·杰克逊（David Jackson）曾说过："根据我的经验，你从只身一人奋战到与他人比肩合作之时，便是一家企业的真正转折点。这样，至少会有人在你午餐时替你接听电话。"

所有的领导者在领导和培养员工的过程中都不免会有痛苦的难以忘怀的经历。也许下面这个幽默的例子能让我们对过去的经历一笑而过，也会让我们重整旗鼓开始构建另一支优秀的团队。

众所周知，所有的领导者都几乎无事可做，除了制定目标；给下属分配任务；听下属汇报工作未完成或不采用其他方法完成的理由；跟进工作完成情况；指出还未完成的任务；询问原因；听下属解释未完成工作的理由；再次跟进工作进展情况时，发现任务已完成但做事方式不正确；指出应该怎样做的正确方法；一旦工作完成便进行总结，即继续保持目前的良好状态；疑虑是否是时候将工作中表现较差的人解雇；考虑到这名员工或许已成家，对家人生活会造成不利影响；后悔如果当时自己亲自去做的话，现在就会简单容易得多。可悲的是，他能在20分钟内解决的事用了2天时间才弄清楚为什么有些人花了三个星期去做，而且还做得不正确。

尽管所有的问题都来自于对员工的培养，但有两件事是肯定的。第一，只有培养和发展团队成员，我们才能不断走向成功。正如中国的那句谚语："十年树木，百年树人。"第二，只有培养和发展团队成员，我们才能不断增值。

优胜团队的蓝图

优胜团队：

- 拥有优秀的领导者；
- 选拔卓越的人才；
- 抱有必胜的决心；
- 有助于团队其他成员获得更大成功；
- 精益求精。

优胜的团队拥有优秀的领导者

一切成败皆系领导力。有两种方式可以让他人按照你的要求做事：强迫他人抑或说服他人。强迫是奴隶式的做法，而说服则是自由人的行事方式。

要说服他人就须要明白什么能够激励他人，这是对人性的一种了解，也是优秀的领导者所具备的。

在最近的一项调查中，有70位心理学家被问及："对一个管理者而言，要了解的人性中最本质的一点是什么？"其中有2/3的回答是："激励——了解什么可以激发他们的所思、所感和所做是最重要的。"

如果你明白什么可以激励他人，那么你手中就握有了与他们相处的最强有力的工具。

自1961年开始,人员管理机构(People Management)就已对数千万人的个人史进行了研究调查。他们发现,无一例外,人们都在重复这样一种相似的行为模式,即每一次当他们完成自认为做得很好的事时,都会很有满足感。同时,那些杰出的领导者也会有如下的表现。

1.营造合适的工作环境

优秀的领导者相信他们的团队,这成功地营造了良好的氛围。要想拥有和保留员工的忠诚,就要通过语言和行动来展示出你对他们的关心。山姆·沃尔顿(Sam Walton)曾说过:"杰出的领导者会想尽办法来提升员工的自尊和自信。如果员工也对自己信心满满,那么将会创造出令人惊异的业绩。"

2.了解员工的基本需求

阿拉巴马大学足球队的传奇教练保罗·布赖恩特(Paul Bryant)曾指出,优胜的球队成员须要知道以下五点:

(1)对每个队员都抱有期望;
(2)每个队员都有上场的机会;
(3)与队员间如何和谐相处;
(4)队员有需要时,即时给予指导;
(5)根据队员的不同成绩,给予奖励。

3.控制"三大领域"

任何一位想在企业中扮演积极活跃角色的领导者,可能都会承担过多的责任。但是,以下三个领域对领导者的权威和成功有决定性作用。

（1）财务：在任何企业中，财务人员是行使行政控制的根本手段。

（2）人力资源：人才的选拔决定着企业的命运。

（3）规划：规划决定着企业的未来。

4.避免"七宗罪"

（1）比起受人推崇，尝试受人喜爱。

（2）不向团队成员寻求帮助和建议。

（3）过于强调规则，阻挠团队成员发挥才能。

（4）不要让批评保持在建设性层面上。

（5）没有培养团队成员的责任感。

（6）以同样的态度对待每一个人。

（7）没有使团队成员及时得到信息。

美国亿万富翁布恩·皮肯斯（T.Boone Pickens）曾说过："避免出错的方法有很多种，但避开灾害的最好办法则是他人随时可以找得到你。你不必每次都作决定，但你要保证别人就近便能找到你。如果你的员工机灵，就会随时将信息传达给你。如果是你收到了消息，那么你对决定也会有影响。这样一来，你不仅给予了员工支持而且还避免了事后的猜忌。"

优胜团队挑选优秀人才

当罗斯·佩罗为他新构建的电脑公司招聘员工时，聘用了他所挖掘的最优秀人才。因为罗斯·佩罗的座右铭就是："雄鹰不会集群而居。你必须要一次一只地去寻找。"也就是说,你不能依靠等闲之辈来塑造一支强大的队伍。

阿德莱·史蒂文森(Adlai E.Stevenson)说:"合格的管理者有三个重要原则,选拔优秀人才、告诉他们不要走捷径、最大限度地支持他们。其中,挑选人才是最重要的。"

鲍勃·比尔曾说,在任何企业的成功中,有60%~80%的原因都源于以下三个因素:

- 清晰的方向;
- 领先的团队;
- 可靠的财务状况。

这就是为什么要把优秀员工安排在正确的位置上的原因,所以几乎没有其他事情比它更重要了。

最近,我读了一篇幽默的文章——《哪些人不能聘用》(Who Not to Hire),指出以下这些人不能受聘:

- 由他的仆人、带着录音机的律师、保镖、泰迪熊、警察护卫队及母亲陪伴的人。
- 吹嘘自己比一起共事过的任何人都更有聪明才智的人。
- 简历长达40多页的人。
- 打印彩色简历的人。
- 对你的问题发出嘘声的人。
- 有时说话语无伦次的人。
- 当要求拿出个人推荐信时,突然哭泣呜咽的人。
- 视力差到无法辨别头发和眼睛颜色的人。
- 按照法院的命令,需永久性实施静脉麻醉的人。

- 试图通过他的低级笑话来给你留下深刻印象的人。
- 在薪金要求栏中潦草地写下"我现在就想得到一切"的人。

当你还在因以上这几类人而笑得前仰后合时,不要忘记按照墨菲法则(Murphy's Law,即任何可能出错的事终将出错),很可能在招聘结束一天后才会发现最完美的简历!无论如何,"人能尽其才"是企业成功的重中之重。以下五条法则能帮助你在选拔人才方面找到你所需要的优秀人才:

1.企业越小,招聘越重要

小型企业常常抱有这种错误的观点:因为是小型企业,所以可以雇用一些素质较低的员工。但事实并非如此。试想在拥有100名员工的企业中,如果一名员工素质较低,那么损失的只有1%;但如果一家企业只有两名员工,其中一名表现差一些,就会带来50%的损失。但较为乐观的一点是,挑选一个杰出的人才要比招聘100名员工容易。

2.清楚你需要怎样的人才(个人条件)

以下是我在寻找有潜力的员工时,对个人条件的20项要求:

(1)态度乐观:积极乐观地待人做事。

★(2)精力充沛:有毅力、有耐力地努力工作,永远朝气蓬勃。

(3)待人温暖:吸引他人合作的一种方式。

(4)诚信正直:值得信赖,为人可靠,言行一致。

(5)有责任心:勇于担当责任,不找借口;对工作认真负责。

（6）自我形象良好：对自己、他人和生活充满自信。

★（7）随时学习：随着工作的拓展，不断加强学习的能力。

（8）领导能力：对他人有很大的影响力。

（9）跟随能力：愿意服从，参与到团队中，紧跟领导。

★（10）不存在个人问题：个人生活、家庭和工作都处理得井然有条。

（11）人际技能：吸引和培养他人的能力。

（12）幽默感：享受生活，不对自己太过苛刻。

★（13）应变能力：出现问题时，能应变自如。

★（14）工作阅历：最好是在两个或两个以上的工作环境中有过工作经验和成功心得。

（15）美好愿景：对于个人的成长和发展不断进取。

（16）自律性：愿意付出代价，不骄不躁。

（17）有创造力：有发现问题、解决问题的能力。

（18）灵活性：不惧怕改变，与企业同甘共苦。

（19）有远见：能够超越个人利益，看到未来的宏伟蓝图。

★（20）敏悟性：不依据切实有形的数据就能够察觉出企业的发展形势。

在上述素质中，带"★"的是无法教授的，其他素质可通过良师益友的指导、环境和自己的意愿而习得。以上这些素质也可通过测试和面试来评定。

3.了解工作的要求

每一项工作都对员工的技能和个人品质有特定的要求。以下10个问题能帮助领导者挑选正确的人选。

（1）冲锋在前的人员还是幕后工作的人员？
（2）通才还是专才？
（3）生产者还是维护者？
（4）擅于交际的人还是埋头工作的人？
（5）领导型还是支持型？
（6）老手还是新手？
（7）创造性思维还是抽象性思维？
（8）需要时刻监督还是不需要监督？
（9）团队协作者还是独自行动者？
（10）短期承诺还是长期承诺？

你对自己所需人才和工作要求了解得越清楚，招聘到合适人选的概率就越大。库尔特（Kurt Einstren）认为："聘用错误的人选至少要浪费公司两年的薪水，甚至会更多，不只是现金方面，还包括人事关系紧张、企业的公共关系受损、信任的缺失等。"

有人常在领导力研讨班上问我："你如何知道谁会被聘用？"我笑着回答道："永远都没有肯定的答案。"我的工作经历也证实了这一点！以下指导方针是我在招聘员工时尝试遵循的：

- 开始招聘前，清楚自己需要什么。
- 花时间搜索。
- 打电话给推荐人。
- 进行几次面试。
- 让你的助手也参与面试，寻求他们的意见和看法。
- 与候选人员的配偶、家人面谈。
- 检查其工作经历。
- 如果可能的话，先试用应聘者，再观察其是否与工作要求相符。

- 提一些尖锐的问题，如离职的原因，你能为公司作出哪些贡献，愿意为工作、为公司付出代价吗？
- 相信你的直觉。

能写在纸上的仅此而已。如果简历看上去还不错，但面试效果不佳，则要慎重考虑。事实上，你可以暂时退出，让你的助手再来检测一下，之后比较你们两人的结果。对我个人而言，我只聘用那些简历和面试都令人满意的人。

4.了解潜在员工的需求

只有当员工真正喜欢自己的工作，他们才能努力持久地工作，才能有更好的表现。意识到这点后，我总要确保潜在员工是否能接纳我这个领导者、其他同事、企业愿景和要求。我经常对他们讲："除非在这里感觉舒畅，否则不要来。"我知道，就一个原本对这个团队毫无兴趣的员工而言，即使有再多的金钱、再高的名望、再优厚的待遇和再信守的承诺，都不可能激发出他留在这里的意愿。此外，员工配偶对此工作的想法也很重要，如果连他们也不抱有任何念头，那么员工积极正面的情绪就会逐渐消失。

5.当你聘不起最优秀的人才时，那么就聘用能成为优秀人才的年轻人

聘用能成为优秀人才的年轻人之后——

- 相信他们：鼓励他们敢于冒险。
- 引领他们：建立互尊互重。
- 关心他们：增进相互间的情感。
- 了解他们：构建和发展更个人化的关系。

- 教育他们：推动他们的学习和成长。
- 信任他们：培养他们的忠诚。
- 扩展他们：给予他们更多挑战。
- 提升他们：保证他们的工作成效。

优胜的团队生而为赢

为胜利而战和为失败而战的不同就是成功与平庸间的不同。我从小在俄亥俄州长大，是十大盟校（Big Ten）橄榄球队的忠实球迷。在过去那几年，我发现这支球队总是会输掉"玫瑰碗"（Rose Bowl）中的那场关键比赛。为什么？是对手一直都很强吗？不是，两支球队交锋中最明显的区别是各自对待比赛的态度，而不是球技。十大盟校橄榄球队总是踢得过于保守和沉稳，只保证不丢分就好；而太平洋十大联盟（Pac Ten）则是完全放开的状态，为赢得这场比赛尽心竭力。

每次有新成员加盟到我们团队时，我都会给他们每人一个写有"不只为生存"的匾额，并让他们挂在各自的办公室墙上。鼓励他们不要只做一个平平庸庸的生存者，要勇于冒险，作出艰难决策，敢于走在风险边缘，创造出不同。永远兢兢业业的人会错过很多机遇，停滞不前，毫无建树。在棒球场上也是如此——你不可能站在第一垒上打第二垒。我喜欢的这首诗描述的正是那些平庸保守的人。

> 一个小心翼翼的人，
> 从不放声大笑，从不玩游戏，
> 从不冒险，从不尝试。
> 不喜唱歌，也不做祈祷。
> 直到离去的那一天，

保险单也随即失效。

因此他从未真正活过，

人们也说他并没有真正离世。

近期在全美工人的调查中显示，近85%的受访者说他们会更加努力工作，超过一半的受访者则声称"只要他们愿意"就可以在工作中创出双倍效绩。因此，能取胜的球队并不只是赢在技术上，更是赢在意志上。他们渴望胜利，为追求下一个目标而愿意付出代价，竭尽全力。挤在看台上的观众可能会奇怪为何这支球队会如此幸运地赢得比赛，但只有队员们自己知道，他们生而为赢，只为胜利而战。

优胜的团队能使队员获得更大的成功

换句话说，因为受到团队其他成员的影响，每个成员才能表现出比独自工作时更大的潜力。历史上伟大的主教练之一——文斯·隆巴迪曾说过："要先从基础教起。队员要了解比赛的基本点和在他的位置上如何去踢球。其次，把他放到边线上。这就是训练法则。他们必须要作为一个团体去比赛，而不是七零八落地各自上场。接下来他们则要相互关心，相互爱护，也就是大多数人所说的团队精神。"

罗伯特·凯德尔（Robert W.Keidel）认为，在没有解决整个大环境所存在的问题之前，试着改变个人和团队行为必然会带来失望。官僚体制迟早会毁灭掉最坚定的合作流程。正如伍迪·艾伦（Woody Allen）曾说过："狮子和羔羊可能会躺在一起，但是羔羊总会睡不踏实。"

该怎么办？狮子和羔羊都要有所行动，把团队合作带进这个组织机构中。虽然波士顿的凯尔特人队已获得16次冠军，但他们的球员从未在联盟得分榜上获得过第一，也从未因个人成绩而高薪聘请过其他球员。因为他们深知，"紧密合作才是至关重要的"。

建立优秀团队需要以下这些有效方式。

1.了解激励每位成员的"关键点"

每位成员都有个人的目标，也是他/她加入这个团队的"真正理由"，更是激励他们的关键。

2.绘制团队使命

制定愿景，制定企业的训言、名字、标志和口号。这些都将鼓励团队成员的自豪感。

3.定义每位成员的角色

清晰准确地对每位成员在团队中所担当的角色进行定位，有利于避免不必要的纷争，也会避免员工中普遍存在的"公平问题"。每位成员都会因为他们对团队所作的贡献而受到尊重和欣赏。

4.创造团队的身份识别

通过提升和促进企业历史，来建立团队的价值观。创造团队的共同回忆。

5.使用"我们"和"我们的"

团队建立中还包括让每一位成员拥有企业主人翁感，任何事情都是以团队为单位进行的。当团队获得优异成绩时，最重要的是要表扬每一位成员，而不是其中的某些人。

6.与每一位成员沟通交流

信息要与每一位相关的成员共享,不要只告诉核心成员。作为领导者,当你看到员工将团队利益放在个人利益之上时,那么你就已经成功了。

你还能回想起埃德蒙·希拉里(Edmund Hillary)和他的夏尔巴人导游丹增·诺盖(Tenzing Norgay)在攀登珠峰时创造的那感人一幕吗?从山顶下来后,希拉里突然失足跌倒,丹增紧紧地拉着绑在他们身上的绳子以免两人一起滑下山,而且将斧头插进冰雪里作为支撑。后来丹增拒绝了所有因"拯救希拉里"而颁发给他的特殊荣誉,他认为这是他日常工作中的一部分。如他所说:"登山者在任何时候都要互相帮助。"

优胜团队不断提升

无论任何时候,一旦企业不再有所改进,那么它也就完结了!在这么多年里,为什么很少有一支职业橄榄球队、篮球队或棒球队能屡获世界冠军呢?主要是由于以下这种希望造成的,即让所有球员、训练和策略都始终保持与上一年度相同。很多人认为只要他们"原地不动",就能保持最佳纪录。但事实并非如此。只有让现有队员不断提升、成长,或让更有潜力的人员加入团队才能使团队长盛不衰。只有持续不断地提升自我,才能取得永久性成功。

领导者的首要目标是培养员工,而不是解雇他们。

研究显示,比起每年的综合评估,每日的指导更能有效地提升绩效。每日的指导过程包括两个重要部分:制定详细目标,不断评估、回顾进展。

目标不仅要说明最终的结果,最大程度地反映管理者的预期,更要有时间表。员工应该有多少个目标？根据我的经验，越少越好。如果下属负担过重，希望所有目标都能达成就是不合理的了。记住，目标是最主要的衡量标尺。

说到最终结果，我的意思是下属在工作中的表现应能看出显著的不同。员工常常希望能以他们在工作中所付出的努力作为评估标准，而不是凭借他们所取得的成绩。尤其是对那些工作中表现欠佳的人而言更是如此。但重要的是，管理者应明确某些结果是预料之中的，需由下属来负责。管理者应尽心尽力地制定领导者和员工双方都能接受的对双方都有利的长远目标。如有异议，那么管理者必须毫不犹豫地坚持设定的目标。记住，不仅是努力，绩效也是衡量目标是否实现的准绳。

不断地回顾和评估进展可收获以下三点：第一，不断地提醒你实现目标对一个人的职业生涯非常重要；第二，给予管理者一个机会来认识目标实现过程中的积极行为；第三，如果进展暂时停滞，管理者便可停下来听听其中的原因，试着将下属重新推上正轨。那么，回顾就上升到了解决问题的层面。

不论员工是否有进步，回顾工作都要由管理者或老板保持对此过程的控制。如果现在有三个人以上向你汇报工作，你至少会对其中一个人产生不满。这种情况通常包括以下一个或多个要素：

- 这个人的工作并不是出类拔萃的，但也没有到很差劲的地步，因此你会让他留在你身边。
- 找到一个能胜任此工作的人意味着要进行面试、招聘（带有风险）和培训他们。你没有时间来做这些事。
- 这个人肯定没有做好工作，但你很喜欢他（或者你可能对他感到抱歉）。
- 你没有收到解雇此人必需的所有文件。你最后的回顾过于粗略，而且没有说清楚对这个人工作的不满意之处。

结果呢？什么都没发生。但记住，你和要被解雇的那个人并不是这个方程式中仅有的两个人。很多领导者无法领会的是：

- 企业中其他员工已对此一清二楚。没有人会为效绩不好的员工保守秘密。
- 解雇问题处理不当会给你的事业带来不利影响。作为领导者，你首要的责任就是为企业的最高利益服务。无论任何时候，你若把个人利益放在企业利益之上，那么领导者就会变成企业的负债。
- 当其他员工还在奋斗拼搏的时候，他们的士气会因为你继续留着的那个绩效不佳的人而受到重挫。

记住，不是你要解雇的那个人让你的生活苦不堪言，而是那些应当解雇但你还未解雇的人。如果你对某位表现不佳且与你一起工作并未取得成功的员工极其不满，那么就让这位员工另谋高就。

如何正确处理解雇问题？鲍勃·比尔认为，始终坚持以这个角度看问题："当你让一个不称职的人离开他的岗位，实际上是让他从这个失败中解脱了出来——让他自由，去寻找能让他获得成功的合适职位。这样适当的解脱，甚至能给予一个人新的活力和重新挑战未来的新期望。"

显然，最佳方案就是顺利面试、正确聘用，然后开始培养你的员工发挥他们和你的最大潜能。以下是有关潜能的三个阶段。

（1）我最大程度地发挥了我的潜能（我将所有精力倾注在我自己身上）。

（2）我最大程度地挖掘了他们的潜能（我将所有精力倾注在关键人物身上）。

（3）他们让我最大程度地发挥了我的潜能（他们将所有精力倾注在我身上）。

生产者只能停留在第一阶段，并在此阶段表现优秀。领导者能够在第一阶段和第二阶段出类拔萃。幸运的领导者不仅能超越第一阶段和第二阶段，而且能体验到第三阶段。

让我们稍作停留，思考一下作为领导者的你拥有哪些强项。这个测试会让你回顾起我们在这本书中所讨论过的那些重要方面，同时强调出那些你需要加强培养的方面。根据对自己现有能力的评判来打分。

1　2　3　4　5
精通　优秀　满意　一般　困难

杰出领导者的共同优势

梦想　　　　1 2 3 4 5

不要放弃任何一个梦想。

和领导者共事时，我总是问自己："是人成就了梦想，还是梦想造就了人？"我的结论是：两者都正确。

制定目标　　1 2 3 4 5

目标是有期限的梦想。

如果你不知道自己想要什么、该去往何处，那么你终将一无所有。

影响力　　　1 2 3 4 5

影响力的核心在于让他人参与的能力。

人们不会在乎你知道多少，除非他们知道你多么在乎他们。

个人的条理　　1 2 3 4 5

条理是你做其他事情之前的有序安排，以便做事时不会混为一团。

——克里斯托弗·罗宾，《小熊维尼》

优先顺序　　1 2 3 4 5

智者，不会在不适于他的事情上虚度光阴，而是在所有擅长的领域里，挑选出最擅长的一项并将其做到极致，才可谓是高明的智者。

——威廉·格拉德斯通

解决问题的能力 1 2 3 4 5

大部分人只看到了困难和障碍，而少部分人则只看到的是目标。历史记载后者的成功，遗忘前者的利益。

——艾尔弗雷德·阿曼德·蒙塔塔
（Alfred Armand Montapert）

承担风险　　1 2 3 4 5

风险不是依据成功的可能性来评定，而是依据目标的价值来评定。

决策　　1 2 3 4 5

如果你总是将企业利益放在自身利益之上，那么你的决策永远都是好的。

创造性　　　　　1 2 3 4 5

总会有更好的办法……你所面临的挑战就是找到它。

人的思想一旦有了新的视野，就再不会缩回到从前的维度里去了。

　　　　　　　　　——奥利弗·温德尔·霍姆斯

　　　　　　　　　（Oliver Wendall Holmes）

招聘/解雇　　　　1 2 3 4 5

合格的管理者有三个重要原则：选拔优秀人才，告诉他们不要走捷径，最大限度地支持他们。其中，挑选人才是最重要的。

　　　　　　　　　——阿德莱·史蒂文森

当你让一个不称职的人离开他的岗位，实际上是让他从这个失败中解脱了出来——让他自由，去寻找能让他获得成功的合适职位。

　　　　　　　　　——鲍勃·比尔

评估　　　　　　　1 2 3 4 5

发挥潜能的人会不断地问自己"我哪里做得好？"，而不是"我哪里做得不好？"。

员工只了解如何去做工作，而老板却明白为什么这样做。

如果你在4个领域得到了"精通"或"优秀"，那么你是处于第一层次的领导者；如果你在8个领域得到"精通"或"优秀"，那么你是处于第二层次的领导者；如果你在每一个领域都得到"精通"或"优秀"，那么你是处于第三层次的领导者，这意味着你拥有卓越的团队，助你不断地超越自己。

很荣幸，现在我处于第三层次，我已经超越了自己的能力，并使它不断提升、增加。我会永远感激我身边的人，和他们在一起，继续带领他们。因为有他们，我才能不断成长。

以下是这些珍贵的人中的一部分。

玛格丽特·马克斯维尔（Margaret Maxwell）——我的妻子和知己。与她结合是我这辈子所作的最好的决定。

斯蒂芬·F.巴比（Stephen F.Babby）——我的同事，我认识的最有智慧的人。

迪克·彼得森（Dick Peterson）——我亲密的朋友，他毕生的目标就是帮助我实现梦想。

丹·赖兰（Dan Reiland）——执行牧师，他的忠诚和精力都无与伦比。

芭芭拉·布伦玛金（Barbara Brumagin）——我的私人助理，拥有绝对的忠心和高级技能。

梅尔文·马克斯维尔（Melvin Maxwell）——我的父亲，我生命中的英雄和领导力导师。

后记

这个世界需要这样的领导者——

出于正确的理由,在正确的时机发挥影响力;

多承担一点过失,少分享一些荣誉;

在尝试领导他人之前,先成功领导自己;

不断追求完美,不满足于现状;

为所领导的企业和员工增值;

为他人利益服务;

用头脑管理自己,用心对待他人;

明确愿景,追寻愿景,展现愿景;

激励、激发他人,而不是威胁、操纵他人;

了解人们的问题,解决他们的问题;

意识到安排部署工作的能力比个人职位更重要;

塑造民意,而不是跟随民意调查;

明白一个机构反映他们的品格;

除了承担责任外,不把自己凌驾于他人之上;

无论大小事情,都以坦诚示人;

自律;

遇到挫折能转败为胜;

无论趋势如何,遵循正确的道德准则。

人才的成长和发展是领导者的最高要求。

马上扫二维码，关注"**熊猫君**"

和千万读者一起成长吧！